教科書ガイド

啓林館 版

ビジョン・クエスト

English Logic and Expression II Hope

TEXT BOOK GUIDE

文研出版

はしがき

本書は，啓林館が発行する高等学校の論理・表現Ⅱの教科書「Vision Quest English Logic and Expression II Hope」に準拠した教科書解説書として編集されたものです。教科書の内容がスムーズに理解できるよう工夫されています。予習や復習，試験前の学習にお役立てください。

本書の構成

Topic Introduction

教科書本文	各 Lesson の本文を掲載。英文・日本語訳にはそれぞれ対応した通し番号「①②③…」を明記。
語句と語法のガイド	教科書に出てくる単語・熟語を，教科書の出現順に掲載。 使用する記号：名 名詞　代 代名詞　形 形容詞 副 副詞　動 動詞　助 助動詞 前 前置詞　接 接続詞　熟 熟語 間 間投詞　表 表現
解説	各文の解説。文末の EB1 などは，教科書の Example Bank と同じ文法であることを示している。

Example Bank

「Vision Quest 総合英語」から詳しい解説を抜粋し，新出文法項目をわかりやすく解説。

Try it out!

！ヒント	正解に至るまでの丁寧なヒントを掲載。
練習問題	教科書の Try it out! の各小問題に類似した問題を出題。 Try it out! の問題を解く際のヒントにもなる。

Expressing，Logic Focus

「聞く」，「話す(やりとり)」，「話す(発表)」，「書く」などの総合的な活動について，ヒントや解答例などを用いながら解説。

補充問題

各 Lesson 範囲の学習事項に関する問題を出題。

＊本書では，教科書の問題の解答をそのまま提示しておりません。

Contents

Lesson 1 What is your future goal?

Topic Introduction

①**Dream jobs for children** have changed recently. ②A few decades ago, **becoming a professional athlete** was popular, but **new jobs** have appeared in the ranking. ③For example, many children want to be game creators or become online celebrities. ④It seems that technological advances are behind this trend. ⑤This may imply that children and students need to study something different for the future.

①子どもたちの夢の仕事はこのところ変化してきている。②数十年前は，プロのスポーツ選手になることが人気だったが，ランキングに新しい仕事が現れるようになった。③例えば，多くの子どもたちはゲームクリエイターやネット上の有名人になりたいと思っている。④この傾向の背景には，技術的な進歩があるようだ。⑤これは子どもたちや学生が将来のために，これまでとは違うものを学ぶ必要があるということを示しているのかもしれない。

語句と語法のガイド

dream job	熟 夢[理想]の仕事
recently [ríːsəntli]	副 最近 ▶ recent 形 最近の
a few	熟 少数の，少しの ▶数えられる名詞に付ける
decade [dékeɪd]	名 10 年間
professional [prəféʃənəl]	形 プロの，専門的な
athlete [ǽθliːt] アクセント	名 スポーツ選手 ▶ athletic 形 運動競技の
appear [əpíər]	動 現れる
ranking [rǽŋkɪŋ]	名 ランキング，順位付け ▶ rank 名 地位，階級
for example	熟 例えば
game creator	熟 ゲームクリエイター ▶ create 動 ～を作る
online celebrity	熟 ネット上の有名人 ▶ celebrity 名 有名人
seem [síːm]	動 ～のようだ，～のように思われる
technological [tèknəlá(ː)dʒɪkəl]	形 技術的な ▶ technology 名 科学技術
advance [ədvǽns]	名 進歩，前進 ▶ 動 進歩する
trend [trend]	名 傾向 ▶ trendy 形 最新流行の
imply [ɪmplái] 発音	動 ～をほのめかす，～を暗示する

解説

① **Dream jobs for children have changed recently.**

主語は Dream jobs for children。 EB5

have changed は，継続を表す現在完了形。

② **A few decades ago, becoming a professional athlete was popular, but new jobs have appeared in the ranking.**

前半部分(but の前まで)の主語は，becoming a professional athlete。 EB6

後半部分(but 以降)の主語は，new jobs。
have appeared は，完了・結果を表す現在完了形。

③ **For example, many children want to be game creators or become online celebrities.**
主語は many children。

④ **It seems that technological advances are behind this trend.**
主語の it は形式主語。EB9
It seems that ～で「～のようだ，～のように思える」という意味。
technological advances を主語にして，次のように to 不定詞を用いて書きかえられる。
➡ Technological advances **seem to be** behind this trend.
behind は「～の後ろに，～の背後に」という意味の前置詞。
this trend とは，多くの子どもたちがゲームクリエイターやネット上の有名人になりたいと思っていること。

⑤ **This may imply that children and students need to study something different for the future.**
This は前文の内容を指す。
that は「～ということ」という意味の接続詞。
something different は「違うもの」という意味。something，anything，nothing を修飾する形容詞はその後に置く。

Listening Task

Circle T for True or F for False. (正しければ T, 間違っていれば F に○をつけなさい。)

! ヒント

1. 昔の子どもたちがプロのスポーツ選手になりたいと思うことは一般的だったか。(→②)
2. 数十年前，ネット上の有名人になることは人気だったか。(→②③)
3. 変わりつつある仕事の傾向はおそらく技術的な進歩が理由なのだろうか。(→④)

Example Bank

A 主語を選択する

1. There are **many books** on the president's life.
(大統領の生活についての本がたくさんある。)
2. **This biography** has 200 pages.
(この伝記は 200 ページある。)
3. **We** will experience many technological advances in our life.
(私たちの生活で多くの技術の進歩を経験するだろう。)
4. **The internet** *enables* us *to* find information quickly.
(インターネットで情報を素早く見つけることができる。)

解説

主語を選択する

主語を違う視点から言いかえることで，同じ意味を表す文をつくることができる。

There is[are] ～. の文

1. **There is[are] ～.**「**～がある[いる]**」はbe動詞の後の名詞(句)が主語になる。There is[are] ～. は「初めて話題に出るもの」「不特定のもの」の存在を表す表現なので，the，this，that，myなど「特定のものであることを示す語」が付いた名詞には，普通，用いない。

主語に続く動詞 have[has]

2. this biographyが主語で，「(この伝記には) ～がある」を動詞hasで表している。

This biography has 200 pages.
（This biography＝主語）

➡ There are **200 pages** in this biography.
（200 pages＝主語）

「一般の人々」を表す語句を用いる

3. 日本語では文脈から推測できる主語は**省略される**ことが多いが，英語では何らかの主語を用いる必要がある。ここでは，in our lifeを「私たちの生活で」とすることで，主語のweを日本語では示していない。

人称代名詞の複数形you，we，theyは特定されない「**一般の人々**」を指すことがある。youは，具体的な「あなた」や「あなたたち」を指すのではなく，漠然と「(聞き手を含む)一般の人々」を指す。

⇨ **You** never know what the future holds. (未来のことは決してわかりません。)

weは「(話し手を含む)一般の人々」を指す。

⇨ **We** had a lot of snow here last winter. (昨年の冬，ここでは雪がたくさん降りました。)

➡ **It** snowed a lot here last winter.

日本語の「ここでは」に注意する。「ここ」に住んでいるのは「私たち」と考えられる。またこの文は，「**天候」を表すit**を主語にすることもできる。

theyは「(話し手や聞き手を含まない)一般の人々」を指す。

⇨ In Australia, **they** celebrate Christmas in summer.
(オーストラリアでは夏にクリスマスを祝います。)

「クリスマスを祝う」のはオーストラリアの人々なので，theyを主語にする。

無生物主語

4. 主語the internetは，「**無生物主語**」の一例である。英語では，人や動物でない無生物のものを主語にして「**物事が人に～させる**」という意味の文がよく使われる。〈S + enable + O(人) + to *do*〉は「SはOが～するのを可能にする」という意味。次のように書きかえることができる。

➡ **Thanks to** the internet, we can find information quickly.
(インターネットのおかげで，私たちは情報を素早く見つけることができます。)

無生物主語の構文では，主語で**原因**や**理由**，**手段**などを表す場合が多い。訳す時は，無生物主語を副詞的に表し，目的語となる人を主語にすると自然な日本語になることが多い。

〈S + prevent + O(人) + from *do*ing〉は「SはOが～するのを妨げる」という意味。

⇨ **The rain** prevented us from having a barbecue at the riverside.

➡ **Because of** the rain, we couldn't have a barbecue at the riverside.

(雨のために，私たちは川辺でバーベキューをすることができませんでした。)

〈S ＋ show ＋ that 節など〉は「S は〜ということを示す」という意味。

⇨ **Research** shows that having a cup of coffee every day improves your health.

➡ **According to** research, having a cup of coffee every day improves your health. (その研究によれば，毎日 1 杯のコーヒーを飲むと健康になります。)

B 主語になる名詞句

5. **One of my dreams** is to go to the moon. (私の夢の 1 つは月に行くことだ。)
6. **Studying abroad** will be a good experience for you.
   (留学することはあなたにとって良い経験になるだろう。)
7. **To live** is to learn. (生きることは学ぶことだ。)

解説

主語になる名詞句

文の主語になるのは(冠詞＋)名詞や代名詞のほか，名詞に相当する働きをする to 不定詞や動名詞などである。

〈前置詞＋名詞〉が後ろから(代)名詞を修飾してできる名詞句

5. 〈**of ＋名詞**〉が後ろから(代)名詞を修飾して名詞句をつくり，文の主語になっている。

⇨ The flowers [in the vase] were very beautiful.
(花びんの中の花はとても美しかったです。)

⇨ The picture [on the wall] was painted by Pablo Picasso.
(壁の絵はパブロ・ピカソによって描かれました。)

動名詞がつくる名詞句

6. 動名詞が名詞の働きをして文の主語になっている。動名詞は動詞的性質があるため，目的語や補語をとったり，副詞で修飾されたりする。

Studying abroad will be a good experience for you.
(abroad: 副詞)

to 不定詞がつくる名詞句

7. to 不定詞を含む語句が「〜すること」という名詞の働きをして，文の中で主語と補語になっている。

不定詞が主語になる場合，普通は形式主語 it を本来の主語の位置に置き，真主語である不定詞は文末に置く(→ **C8**)。**7** は主語と補語がともに不定詞であるため，主語を it で書きかえることはできない。また，to 不定詞も動名詞も文の主語になるが，動名詞を主語にするほうがより自然であると考えられている。

C 形式主語

8. **It**'s a good idea for us *to* have clear goals in life.
   (人生の明確な目標を持つことは私たちにとって良い考えだ。)
9. **It** is clear *that* computer skills are useful.
   (コンピューターのスキルが役に立つことは明らかだ。)

解説

形式主語と真主語

不定詞句や that 節は長くなる場合が多いため，これらが文の意味上の主語となる場合，主語の位置に**形式的に it** を置き，**真主語**(＝意味上の主語)である不定詞句や that 節を後ろに回すことがある。

真主語が不定詞

8. to have clear goals in life の代わりに形式主語 it が置かれている。〈for ＋人(us)〉は **to 不定詞の意味上の主語**で，to 不定詞の前に置くのが原則。It is ... for A to *do* の形で「A が～するのは…だ」という意味になる。

It's a good idea for us **to** have clear goals in life.
形式主語 ― 真主語(長い語句は後ろに)

真主語が that 節

9. that 節が真主語になっている形式主語 it の文。

It is clear **that** computer skills are useful.

＋ 不定詞句や that 節のほかに，動名詞句や疑問詞節が真主語になることもある。
⇨ **It**'s not clear **what** happened. (何が起こったのか明らかではありません。)

Try it out!

1 (　　)内の語句を並べ替えて英文を完成させましょう。

! ヒント ➜ EB4,5,6

1. ・無生物主語の文。
・〈S ＋ enable ＋ O(人)＋ to *do*〉「S は O が～するのを可能にする」の形を使う。
・「コンピューターのおかげで，私たちは短期間で大きく進歩することができました。」

2. ・「英語を学習する目的」をひとまとまりの主語と考える。
・is と to に着目する。to 不定詞句が補語となる。
・「英語を学習する目的は世界各地の人々を直接理解できるようになることです。」

3. ・「明確な目標を持つこと」をひとまとまりの主語と考える。having は動名詞。
・first の前に the が付く。
・「明確な目標を持つことは成功への第 1 歩です。」

語句と語法のガイド

make a huge advance	熟 大きく進歩する
in a short period of time	熟 短期間で
purpose [pə́ːrpəs]	名 目的
directly [dəréktli]	副 直接に ▶ direct 形 直接の
goal [goul] 発音	名 目標
step [step]	名 1 歩，歩み
success [səksés] アクセント	名 成功 ▶ successful 形 成功した

練習問題① (　　)内の語句を並べ替えて英文を完成させましょう。

1. (have enabled / to / airplanes / us / travel) all over the world.
2. (is / the purpose / learning / to / of / a foreign language) communicate with its users.
3. My favorite writer says that (is / making / first / step / the / mistakes) to success in life.

2 あなたはクラスメートと将来の目標について話しています。下線部の語句を自分の言葉で言いかえましょう。[　　]内の語を使っても構いません。

!ヒント →EB ⒶⒷⒸ

一般の人々を表す we や動名詞など，適切な主語を用いるように注意する。

1. A: I want to read some self-help books. Do you know where I can find them?
(自己啓発本を読みたいです。どこで見つけられるか知っていますか。)
B: (例) **They** are on the bookshelf near the entrance. [You]
(入口近くの本棚にあります。)

2. A: **We** have a lot of things to learn to become a doctor. [There]
(私たちは医者になるために学ぶことがたくさんあります。)
B: (例) That's right. However, I believe it's not impossible because we have a lot of time, too.
(その通りです。しかし，時間もたくさんあるので，不可能ではないと信じています。)

3. A: **We** should make a constant effort to improve. [It, important]
(私たちは向上するために継続的に努力をするべきです。)
B: (例) I agree. I believe my efforts will pay off.
(同感です。努力が報われることを信じています。)

4. A: What should I do to improve my English?
(私の英語を向上させるためには何をするべきですか。)
B: (例) **Reading a lot of books** is useful. Why don't you try it? [Watching ...]
(たくさんの本を読むことが役立ちます。試してみてはどうですか。)

語句と語法のガイド

self-help book	熟 自己啓発本
impossible [ɪmpɑ́(ː)səbl]	形 不可能な ▶ possible 形 可能な
make an effort	熟 努力する
constant [kɑ́(ː)nstənt]	形 不変の，絶え間ない
improve [ɪmprúːv] 発音	動 自 向上する，改善される 他 ～を向上させる，～を改善する
pay off	熟 報われる，利益[効果]を生む

解答例

1. A: I want to participate in the university information session. Do you know where I can apply for it?
(大学説明会に参加したいです。どこで申し込めるか知っていますか。)

B: You can do it online.（オンラインでできます。）

2. A: There are a lot of things to learn in the Faculty of Economics.
（経済学部では学ぶことがたくさんあります。）

B: I agree. First, I think students must study math very hard.
（同感です。まず，学生はとても一生懸命数学を勉強しないといけないと思います。）

3. A: It is important to make a constant effort to achieve your goal.
（あなたの目標を達成するために継続的に努力をすることは大切です。）

B: That's right. I believe I should never give up anything.
（その通りです。どんなことも決してあきらめてはいけないと思います。）

4. A: What should I do to get good marks on the English listening test?
（英語のリスニングテストでよい点数をとるために何をするべきですか。）

B: Watching English movies is useful. I think you can improve your listening skills.
（英語の映画を見ることが役立ちます。リスニング力を向上させることができると思います。）

3 次の表は，成功者が重要だと思っていることについて調査したアンケート結果を上位5位まで示したものです。例を参考にして，クラスメートにこの表の内容を伝えましょう。また，表の結果以外であなたが成功するために重要だと思うことを加えてみよう。

（！ヒント） → EB ⒶⒷⒸ

according to ～や～ shows (that) ... などを使って，アンケート結果を述べる。そして，自分自身が成功するために重要だと思うことを続ける。重要だと思うことは，it is important to *do* や we should ～などを使って表せばよい。

Rank（順位）	You should ...（…するべきだ）
1	Set clear goals.（明確な目標を設定する）
2	Set small goals.（小さな目標を設定する）
3	Have a manageable timeline.（対応しやすい予定を組む）
4	Keep an open mind.（常に広い心を持つ）
5	Believe in yourself.（自分自身を信じる）

（例）According to the questionnaire, **it** is important *to* set clear goals to become successful. In addition, I think **we** should be punctual because punctual people seem more trustworthy.
（アンケートによれば，成功するには明確な目標を設定することが重要です。その上，時間厳守の人はより信頼できると思われるので，私たちは時間を守るべきだと思います。）

語句と語法のガイド

manageable [mǽnɪdʒəbl]	形 扱いやすい，管理できる ▶ manage 動 ～を扱う
timeline [táɪmlàin]	名 予定(表)，スケジュール(表)
according to ～	熟 ～によれば
questionnaire [kwèstʃənéər]	名 アンケート

in addition	熟 その上，さらに(加えて)
punctual [pʌ́ŋktʃuəl]	形 時間厳守の
trustworthy [trʌ́stwəːrði]	形 信頼[信用]できる ▶ trust 動 ～を信頼する

解答例

The result shows that setting clear goals ranks first. I think listening to others is also important though it doesn't rank among the top 5.
(結果は明確な目標を設定することが第 1 位であると示しています。5 位以内にランキングしていませんが，私は他人の話を聞くことも重要だと思います。)

Expressing

STEP 1

問題文の訳

それぞれの人物の話を聞きなさい。下のボックスの中から彼らの目標とそれらを達成するためにする必要があることを選びなさい。

！ヒント

それぞれの人物の目標とそれらを達成するためにする必要があることを聞き取る。

・目標は，I want to ～，Becoming ～ is my dream，My goal is to ～などを使って表すことができる。

・しなければならないことは，I need to ～などを使って表すことができる。

A. to be a sports journalist （スポーツジャーナリストになる）

B. to work as a flight attendant （客室乗務員として働く）

C. to win a tennis tournament （テニスのトーナメントで優勝する）

a. to read articles and books （記事や本を読む）

b. to study English hard （英語を一生懸命に勉強する）

c. to practice to improve his/her skills （技術を向上させるために練習する）

STEP 2

問題文の訳

さて，次の質問について自問自答してみましょう。

！ヒント

次の質問に対して，出だしの語句に合わせて答えを書く。to には動詞の原形が続くことに注意すること。

・What's your goal?(あなたの目標は何ですか。)

・What do you need to do?(あなたは何をする必要がありますか。)

解答例

・My goal is to win the speech contest. (私の目標はスピーチコンテストで優勝することです。)

・I need to practice speaking in front of other people. (私は人前で話す練習をする必要があります。)

STEP 3

問題文の訳

1. グループ内で相手を見つけて下の質問をしてみましょう。表に答えをメモしましょう。
   ①What's your future goal? （あなたの将来の目標は何ですか。）
   ②What do you need to do? （あなたは何をする必要がありますか。）
2. 下の形式を使ってグループメンバーの目標について報告しましょう(一番印象的な目標を選ぶこと)。

！ヒント

相手の答えを表にメモするとき，to 不定詞を使うことができる。また，グループメンバーの目標について報告するとき，wants to ～や needs to ～を使うとよい。①で将来の目標，②で何をする必要があるかを述べる。so は「だから，そこで」という意味。

解答例

①Aya wants to study abroad, so ②she needs to study English much harder. （アヤは海外留学をしたいと思っているので，もっと一生懸命に英語を勉強する必要があります。）

Logic Focus

■文と文をつなぐ

例文の訳

私の将来の目標は，野球のチームでレギュラー選手になることです。まず第一に，たくさんのバッティング練習をする必要があります。さらに，野球はチームスポーツなので，チームメンバーとよくコミュニケーションをとる必要があります。

■代表的な「つなぎの言葉」

順序を示す	first(ly)(第一に)，second(ly)(第二に)，third(ly)(第三に)，finally / last(ly)(最後に)，to begin with(始めに)，first of all(まず第一に)，next(次に)，then(それから)
追加の情報を示す	moreover(その上)，in addition(加えて)，besides(その上)，what is more(さらには)
対比する	on the other hand / meanwhile(一方では)，in contrast(対して)，while(〜の一方で)
結果を述べる	so(だから)，therefore / thus(したがって)，as a result(結果として)

Let's try

問題文の訳

下のつなぎの言葉や表現を使い，あなたの目標とそれを達成するための努力についての文を書きなさい。

解答例

1. My future goal is to be a translator. **Therefore,** I need to study English very hard. (私の将来の目標は翻訳者になることです。したがって，私は一生懸命英語を勉強する必要があります。)
2. I read online news in English every day. **In addition,** I want to make a summary of the news and read it aloud. (私は毎日英語でネット上のニュースを読みます。加えて，そのニュースを要約し，それを声に出して読みたいと思います。)
3. If I do these things every day, I think I can improve my English and also get to know many things, such as culture and history. **As a result,** I think I can communicate and translate well in the future. (毎日これらのことをすれば，英語が上達し，文化や歴史といった多くのことを知ることができると思います。結果として，将来上手にコミュニケーションをとり翻訳できるようになると思います。)

！ヒント

つなぎの言葉や表現に注目し，前後の文と文が論理的にうまくつながるように考える。まずは自分の将来の目標を設定してから，それを達成するために必要なことを考えて書くとよい。Therefore や As a result は結果を述べるとき，In addition は追加の情報を示すときに使う。

補充問題

1 次の日本語を，(　　)内の指示に従って英文に直しなさい。

1. 大雨で私たちはそこに行けませんでした。(the heavy rain から始めて)

____

____

2. 彼の仕事の 1 つは皿を洗うことです。(one から始めて)

____

____

3. これらのルールに従うことは大切ですか。(following を使って)

____

____

4. 私が 1 日でこの自転車を修理するのは簡単ではありません。(it から始めて)

____

____

5. 彼女が間違っていることは明らかです。(it から始めて)

____

____

2 各組の英文がほぼ同じ意味になるように，下線部に適切な語句を補いなさい。

1. Kyoto has a lot of old temples.
   There ______________________________.
2. We had a lot of rain here last month.
   It ______________________________ last month.
3. Thanks to his new computer, he can work more efficiently.
   His new computer ______________________________ more efficiently.
4. This book is difficult for children to read.
   ______________________________ this book.

3 次の英語のメモを参考にして，日本の伝統行事の端午の節句について 40 語程度の英文を書きなさい。

(メモ)・*Tango no sekku*, the Japanese Boys' Festival
・on May 5th
・Families that have a son put up carp streamers outside.

____

____

____

____

Lesson 2 What school events do you have?

Topic Introduction

①I think there are three main ways to make new friends at school. ②Firstly, we **move** to a new class in April. ③We can **meet** and **talk** to many students for the first time. ④Secondly, we can make close friends during club activities. ⑤Club members **share** similar interests. ⑥Thirdly, we sometimes change seats in class. ⑦We often talk with other students sitting nearby. ⑧If we make the most of these opportunities, our school life will be more enjoyable.

①学校で新しい友達を作るのに３つの主な方法があると思います。②第一に，４月に新しいクラスに移ります。③多くの生徒と初めて会って話すことができます。④第二に，クラブ活動中に親しい友達を作ることができます。⑤部員は似たような興味を共有しています。⑥第三に，時々クラスで席替えをします。⑦私たちは近くに座っている他の生徒とよく話します。⑧これらの機会を最大限，活用すれば，学校生活はもっと楽しくなるでしょう。

語句と語法のガイド

main [meɪn] 発音	形 主な ▶ mainly 副 主に
club activity	熟 クラブ活動
similar [símələr]	形 似たような
nearby [nìərbáɪ]	副 近くに
make the most of ～	熟 ～を最大限に活用する
opportunity [à(:)pərtjú:nəti] アクセント	名 機会 ▶ 同 chance
enjoyable [ɪndʒɔ́ɪəbl]	形 楽しい ▶ -able は「～されうる」という意味接尾辞：(例) usable (使用可能な)，eatable (食べられる)

解説

② **Firstly, we move to a new class in April.**

Firstly は「第一に」という意味。学校で新しい友達を作るための３つの主な方法を，Firstly, ... Secondly (第二に), ... Thirdly (第三に), ... と順番に述べている。

move は「移る」という意味の自動詞。EB1

③ **We can meet and talk to many students for the first time.**

(meet と talk to → many students：目的語)

meet は他動詞。EB4　talk は自動詞。EB1

⑤ **Club members share similar interests.**

share は「～を共有する」という意味の他動詞。EB3

⑥ **Thirdly, we sometimes change seats in class.**

Thirdly は「第三に」という意味。

change seats は「席替えをする」という意味。「単数(１人)」で行うことができず，常に「複数(２つ・２人以上)」の存在が前提とされる。そのような行為・状態を表す場合は，目的語となる名詞は複数形となる。(例)change train**s**(列車を乗り換える), make friend**s** with ～(～と友達になる), shake hand**s** with ～(～と握手する)

⑦ **We often talk with other students sitting nearby.**

sitting は other students を修飾している現在分詞の形容詞的用法。

⑧ **If we make the most of these opportunities, our school life will be more enjoyable.**

these opportunities(これらの機会)とは，②～⑦で述べられていることを指す。
enjoyable は「楽しい」という意味の形容詞で，more enjoyable は比較級。

Listening Task

Circle T for True or F for False. (正しければT, 間違っていればFに○をつけなさい。)

!ヒント

1. 著者は職場で新しい友達を作るための3つの方法について述べているか。(→①)
2. クラブ活動は友達を作るのによい方法か。(→④)
3. 友達を作る1つの方法はクラスで席替えをするときか。(→⑥⑦)

Example Bank

適切な動詞を用いる

A 自動詞

1. Most students **arrive** at school around eight o'clock.
   (ほとんどの生徒は8時ごろ学校に到着する。)
2. The class **remained** *quiet* when the teacher was talking.
   (その先生が話していたとき，クラスは静かにしていた。)

解説

自動詞と他動詞

動詞には2種類ある。後ろに目的語(O)がこない動詞を**自動詞**, 目的語(O)がくる動詞を**他動詞**という。

自動詞

自動詞は後ろに目的語がこない動詞(＝自分だけで動作が完結する動詞)。自動詞で動作の対象を示すには**前置詞**が必要になる。

1. **arrive**(**到着する**)は自動詞として使われており，at school と around eight o'clock は修飾語。

   Most students **arrive** at school around eight o'clock.
   (arrive: 自動詞 / at school: 修飾語 / around eight o'clock: 修飾語)

他動詞と間違えやすい自動詞

apologize は「**謝る**」という意味の自動詞。日本語の「～に[を]謝る」から，他動詞と考えないこと。前置詞 to を続けて「(人)に」, for で「(物事)を」を表すことができる。

⇨ I apologized **to** my teammates **for** my error.(私はチームメートにエラーを謝りました。)
(to my teammates: (人)に / for my error: (物事)を)

他に，agree(with ～)(((人)に)賛成する)，object(to ～)((～に)反対する)，complain(to ～)((～に)不平を言う)などがある。

SVC(主語＋動詞＋補語)

動詞の後ろに**補語**(C)がくる。補語は主語(S)が「何であるか」「どのような状態であるか」を説明する。**S = C(S is C)**の関係が成り立つ。動詞は**自動詞**で，代表的なものは be 動詞。

2. remain は「～のままでいる」という意味。形容詞 quiet「静かな」が補語になっている。

➕ 第2文型SVCで使われる主な動詞には, be(～だ), keep(ずっと～である), stay(～のままでいる)，become(～になる)，get(～になる)，look / seem / appear(～に見える)，feel(～の感じがする)，taste(～の味がする)などがある。

B 他動詞

3. Many students **enjoy** *talking* during breaks.
(多くの学生は休憩時間中おしゃべりを楽しんでいる。)

4. You cannot **enter** *school buildings* at night.
(夜間は学校の建物に入ることはできない。)

5. *Some classroom problems* **were discussed** in homeroom.
(ホームルームでクラスの問題について話し合われた。)

解説

他動詞

他動詞は後ろに目的語がくる動詞(＝他の何か[誰か]に働きかける動詞)。もし目的語がなければ「何を？」という疑問が残る。

3. enjoy は「**～を楽しむ**」という意味の他動詞。ここでは，後ろに目的語として動名詞 talking がきている。

自動詞と間違えやすい他動詞

日本語の表現に引きずられて他動詞に必要のない前置詞を付けたり，あるいはその逆の間違いをしたりするので注意が必要である。

4. enter は「**〔場所〕に入る**」という意味の他動詞である。他動詞なので直後に目的語をとる。

5. discuss は「**～について話し合う**」という意味の他動詞である。日本語の表現に引きずられて前置詞 about を付けないように注意すること。

➡ We **discussed** *some classroom problems* in homeroom.
(私たちはホームルームでクラスの問題について話し合いました。)

他にも，join(～に加わる)，answer(～に答える)，visit(～を訪れる)，marry(～と結婚する)，attend(～に出席する)，enter(～に入る)，approach(～に近づく)などがある。余計な前置詞を付けないこと。

⇨ Jun **joined** (×*to*) *the soccer club*.(ジュンはサッカー部に入りました。)

注意すべき自動詞と他動詞

自動詞と他動詞には，それぞれ取り違えやすいものがある。次の例では「(～に)着く」という意味で動詞 arrive と reach が使われている。(a)の arrived は自動詞なので，直後に目的語をとらない。ここでは後ろに前置詞句 at the hotel を置いて動作の対象を示している。(b)の reached は他動詞なので直後に目的語をとる。

⇨ (a) We **arrived** at the hotel around midnight.

⇨ (b) We **reached** *the hotel* around midnight.(私たちは夜の12時ごろホテルに到着しました。)

形や発音の似ている語にも注意する。rise[raɪz]〔自動詞〕(上がる) / raise[reɪz]〔他動詞〕(～を上げる), lie[laɪ]〔自動詞〕(横になる) / lay[leɪ]〔他動詞〕(～を置く)など。

⇨ (a) The sun **rises** in the east.(太陽は東から昇ります。)

⇨ (b) He didn't **raise** *his hand* in class today.(彼は今日授業で手を上げませんでした。)

自動詞と他動詞の両方の用法を持つ動詞

(a)の left は自動詞として使われており，後ろに目的語がこない。for school，at seven o'clock は修飾語。(b)の left は他動詞として使われており，直後に目的語がくる。

⇨ (a) I left for school at seven o'clock.(私は 7 時に学校に向けて出発しました。)
自動詞 修飾語 修飾語

⇨ (b) I left my umbrella on the bus.(私はバスに傘を置き忘れました。)
他動詞 目的語

C 群動詞

6. The air conditioning in the classroom suddenly **broke down**.
(教室のエアコンが突然故障した。)

7. We **looked after** *the exchange students* on their first day of school.
(私たちは学校初日の交換留学生を世話した。)

8. *Some students' homework* **was handed in** one day late.
(何人かの生徒の宿題は 1 日遅れで提出された。)

解説

群動詞

動詞に副詞，前置詞，名詞などが付いて，「**1 つのまとまり**」で動詞の働きをするものを**群動詞(句動詞)**という。群動詞には「**自動詞の働きをするもの**」と「**他動詞の働きをするもの**」がある。

自動詞の働きをする群動詞

〈**動詞＋副詞**〉の 2 語のまとまりで，1 つの**自動詞**の働きをするものがある。stay up(起きている)，show up(現れる)，run away(逃げる)，go on(続く)など。

6. break down は「**故障する，壊れる**」という意味。後ろに目的語はこない。

他動詞の働きをする群動詞

〈**動詞＋前置詞**〉の 2 語からなる群動詞が，1 つの**他動詞**と同じ働きをする。

7. look after ～「**～を世話する**」は他動詞として働き，後ろに目的語(the exchange students)をとっている。

また，〈**動詞＋副詞**〉の 2 語からなる群動詞が，1 つの**他動詞**と同じ働きをすることがある。take off ～(～を脱ぐ)，hand in ～(～を提出する)，put off ～(～を延期する)，turn down ～(～を断る)，pick up ～(～を迎えに行く)など。目的語の位置は〈動詞＋副詞＋**目的語**〉または〈動詞＋**目的語**＋副詞〉のどちらでもよい。

⇨ He **handed in** *his paper*. / He **handed** *his paper* **in**.(彼はレポートを提出しました。)

《注意》目的語が代名詞の場合は〈動詞＋**目的語(代名詞)**＋副詞〉の語順になる。

⇨ Please **take** *them* **off** here.(ここでそれらを脱いでください。)

× *take off them*

➕ 群動詞はそれぞれ独自の意味を持つが，その意味は使われている副詞や前置詞などが本来持つ意味から発展したものである。したがって，それらのイメージをつかんでおくと，群動詞の意味も理解しやすい。

out「外へ」	**up「上へ」**	**for「〜に向かって」**
break out(起こる，発生する)，come out(現れる，出版される)，go out(出かける)，look[watch] out(気を付ける)，set out(出発する)，stand out(目立つ)	bring up(〜(子ども)を育てる＝raise)，give up(〜をあきらめる)，look up(〜を(辞書などで)調べる)，pick up(〜を拾い上げる)，turn up(〜(音量など)を上げる)	ask for(〜を求める)，call for(〜を必要とする，〜を求める＝require)，care for(〜の世話をする[面倒をみる])，look for(〜を探す)，stand for(〜を支持する)

群動詞の受動態

2語以上の語句が集まって1つの動詞と同じ働きをする群動詞の場合，それらをひとまとめにして受動態を作る。

⇨ A stranger **spoke to** me yesterday.(見知らぬ人が昨日私に話しかけました。)

↓

➡ I **was spoken to** by a stranger yesterday.(私は昨日見知らぬ人に話しかけられました。)

8. hand in 〜は「**〜を提出する**」という意味。〈動詞＋副詞〉で他動詞の働きをしている。

〈動詞＋副詞＋前置詞〉の形をとる群動詞

look forward to 〜「〜を楽しみにして待つ」は〈動詞＋副詞＋前置詞〉の形をとる群動詞。前置詞 to の後には名詞(句)，動名詞がくることに注意する。

⇨ I'm **looking forward to** hearing from you.(あなたからの便りを楽しみにしています。)

➕ 〈動詞＋副詞＋前置詞〉の形式をとる群動詞：catch up with 〜(〜に追いつく)，come up with 〜(〜を思いつく)，do away with 〜(〜を廃止する)，get along with 〜(〜と仲良くやっていく)，look down on 〜(〜を軽蔑する)，look up to 〜(〜を尊敬する)，put up with 〜(〜を我慢する)など。

〈動詞＋名詞＋前置詞〉の形をとる群動詞

take care of 〜「〜の世話をする」は〈動詞＋名詞＋前置詞〉の形をとる群動詞。

⇨ Barbara **took care of** our dog while we were away.

(私たちが留守の間，バーバラは私たちの犬の世話をしてくれました。)

➕ 〈動詞＋名詞＋前置詞〉の形式をとる群動詞：catch sight of 〜(〜を見つける)，find fault with 〜(〜のあら探しをする)，give birth to 〜(〜を産む)，give way to 〜(〜に譲歩する)，make fun of 〜(〜をからかう)，make use of 〜(〜を利用する)，pay attention to 〜(〜に注意を払う)，take advantage of 〜(〜を活用する)など。

Try it out!

1 (　　)に入る適切な語を選びましょう。不要であれば,「×」を入れよう。

!ヒント ➡EB1,4,5,6

1. ・raise は「～を上げる」という意味の他動詞。似た動詞に rise があり,「上がる」という意味の自動詞。
   ・「もし答えがわかれば手を上げてください。」
2. ・discuss は「～について話し合う」という意味の他動詞。前置詞 about が付かないことに注意すること。
   ・「私たちは会議でその問題について話し合いました。」
3. ・object は「反対する」という意味の自動詞。object to ～で「～に反対する」という意味。
   ・「何人かの生徒は彼の文化祭の計画に反対しました。」
4. ・stay up は「起きている,寝ないでいる」という意味の群動詞。stay up late で「夜更かしする」という意味。
   ・「私は決して夜更かししません。だから私は朝早く起きることができます。」
5. ・文の主語は The school festival。
   ・last は「続く」という意味の自動詞。last は,形容詞として「この前の」「最後の」,副詞として「この前」「最後に」,名詞として「最後」といった意味があるが,この文の中では「動詞」であることに気づくことが重要。
   ・「文化祭は2日間続きました。」
6. ・apologize は「謝る」という意味の自動詞。前置詞 to を続けて「(人)に」,for で「(物事)を」を表すことができる。
   ・the mistake (which[that]) he made は目的格の関係代名詞が省略されていて,「彼がした間違い」という意味。
   ・「彼は演劇の際にした間違いに対して謝りました。」

語句と語法のガイド

raise [reɪz]	動 ～を上げる
object [əbdʒékt] アクセント	動 反対する ▶[á(:)bdʒekt] 名 物体,目的
apologize [əpá(:)lədʒàɪz]	動 謝る ▶ apology 名 謝罪
make a mistake	熟 間違いをする

練習問題① (　　)に入る適切な語を選びましょう。不要であれば,「×」を入れよう。

1. I've left (　　　) my notebook at home.
2. Can anyone answer (　　　) my question?
3. They arrived (　　　) the airport in plenty of time.
4. Jane didn't show (　　　) to the party.
5. My brother lay (　　　) on his back.
6. He apologized (　　　) us for being late.

at / to / up / for

2 **あなたはクラスメートと学校生活について話しています。下線部の語句を自分の言葉で言いかえて，学校生活について話してみましょう。**

！ヒント ➡EB Ⓐ Ⓑ Ⓒ

・自動詞なのか，目的語を必要とする他動詞なのか，注意する。

・群動詞 look forward to ～(～を楽しみにする)の後には(動)名詞がくる。

1. A: How do you come to school?
(あなたはどのように学校に来ますか。)
B: (例) I **come** to school by bike. It takes thirty minutes, but I enjoy it.
(私は自転車で学校に来ます。30分かかりますが，私はそれを楽しんでいます。)

2. A: What classes do you enjoy the most?
(あなたはどの授業を一番楽しんでいますか。)
B: (例) I **enjoy** art and music because I love painting and singing.
(絵を描くことと歌うことが大好きなので，私は美術と音楽を楽しんでいます。)

3. A: What part of the week do you most look forward to?
(あなたが1週間で一番楽しみにしていることは何ですか。)
B: (例) I most **look forward to** club activities. I'm on the basketball team, and we have an important game next month.
(私はクラブ活動を一番楽しみにしています。私はバスケットボールチームに入っていて，私たちには来月重要な試合があります。)

語句と語法のガイド

It takes ～ 表 (時間)がかかる

解答例

1. A: How do you come to school?
(あなたはどのように学校に来ますか。)
B: (例) I come to school by train. It takes about one hour, so I can enjoy reading books.
(私は電車で学校に来ます。約1時間かかるので，私は読書を楽しむことができます。)

2. A: What classes do you enjoy the most?
(あなたはどの授業を一番楽しんでいますか。)
B: (例) I enjoy world history because I want to visit many World Heritage Sites in the future.
(将来，多くの世界遺産を訪れたいので，私は世界史を楽しんでいます。)

3. A: What part of the week do you most look forward to?
(あなたが1週間で一番楽しみにしていることは何ですか。)
B: (例) I most look forward to eating lunch in the cafeteria. There are a lot of dishes on the menu. I love "today's special" on Fridays.
(私は食堂で昼食を食べることを一番楽しみにしています。メニューにはたくさんの料理があります。私は毎週金曜日の「今日のスペシャル」が大好きです。)

3 文化祭の出し物について別のクラスの友だちと話をしています。表を見ながら，下線部の語句を言いかえて伝え合ってみましょう。答えるときは理由や具体例を加えてみよう。

（！ヒント） ➡EB ⒶⒷⒸ

・自分が興味のあるクラスを述べる。そして，理由や具体例を続ける。

・perform a play（演劇をする），give a presentation（発表をする），give a dance show（ダンスショーをする）など，動詞に注意する。

School Festival Plan（文化祭の予定）

Class A（A組）	perform a short play（短い演劇をする）	**Class C（C組）**	display the students' work（生徒の作品を展示する）
Class B（B組）	give a presentation（発表をする）	**Class D（D組）**	give a mini dance show（ミニダンスショーをする）

A: Our school festival **is coming up**. What would you like to see?
（僕たちの文化祭が近づいているね。君は何を見たいの。）

B: I'm interested in class D because I like dancing. I want to see what kind of dance they will do. How about you?
（踊ることが好きだから，私はD組に興味があるの。私は彼らがどんな種類のダンスをするのか見てみたいわ。あなたはどうなの。）

A: I want to see class A. They are going to perform a short play. I hear all of the costumes **were made** by students in the class.
（僕はA組を見たいな。彼らは短い演劇をする予定だよ。衣装のすべてがクラスの生徒によって作られたそうだよ。）

語句と語法のガイド

display [dɪspléɪ]	動 ～を展示する ▶ 名 展示（物）
mini [míni]	形 小規模の，非常に小さい［短い］
come up	熟 （行事などが）近づく
costume [ká(:)stjuːm]	名 衣装

（解答例）

A: Our school festival is coming up. What would you like to see?
（僕たちの文化祭が近づいているね。君は何を見たいの。）

B: I'm interested in class B because I will have to give a presentation next month. I want to learn a lot from their presentations. How about you?
（来月，発表をしなければならないから，私はB組に興味があるの。私は彼らの発表からいろいろ学んでみたいわ。あなたはどうなの。）

A: I want to see class C. They are going to display their work. Some students painted pictures. Others took photos.
（僕はC組を見たいな。彼らは自分たちの作品を展示する予定だよ。絵を描いた生徒もいれば，写真を撮った生徒もいるんだ。）

Expressing

STEP 1

問題文の訳

会話を聞いて，下のボックスの中から答えを選びなさい。

！ヒント

それぞれの人物がどの学校行事を一番楽しんだか，またその行事がいつ開かれたか，を聞き取る。

A. choral festival（合唱祭）／ B. swim meet（水泳大会）／ C. school excursion（遠足）

a. in June（6 月に）／ b. in October（10 月に）／ c. last summer（この前の夏に）

STEP 2

問題文の訳

あなたは学校の委員会の一員です。委員会は留学生のために行事を開く予定です。どんな種類の行事を開くことができるのか他の委員会のメンバーと話しなさい。

！ヒント

①What events can we hold?（私たちはどんな行事を開くことができるか。）

（例）Movie Night（映画ナイト）

②What kind of activities can there be?（どんな種類の活動があり得るか。）

（例）show Japanese movies（日本の映画を上映する）

解答例

①Japanese Food Festival（日本食フェスティバル）　②set up some food booths（模擬店を開く）

STEP 3

問題文の訳

あなたは会議で **STEP 2** で話した選択肢について話し合う予定です。会議の議題を書きなさい。

！ヒント

（例）

行事①：映画ナイト

詳細：私たちは日本の映画を上映することで，私たちの文化を紹介することができる。

行事②：地元のマラソンツアー

詳細：私たちは観光名所に向かって走ることで，彼らに地元を見せることができる。

行事③：カラオケフェスティバル

詳細：彼らはポップミュージックを通して，日本語の単語や語句を学ぶことができる。

解答例

行事①：Japanese Food Festival（日本食フェスティバル）

詳細：We can introduce our food culture by setting up some food booths.
（模擬店を開くことで，私たちの食文化を紹介することができます。）

行事②：Local Cleanup Walk（地元清掃ウォーク）

詳細：We can show them around our town by walking in some areas and picking up trash.（地域を歩いてごみを拾うことで，彼らに私たちの町を見せることができます。）

行事③：Skit Contest（スキットコンテスト）

詳細：They can learn some Japanese expressions while they make short skits and perform them.（彼らは短いスキットを作って演じる際に，日本語の表現を学ぶことができます。）

Logic Focus

■パラグラフの構成

○パラグラフは，1つの主題(トピック)について述べる，文章全体の中の1つのかたまりである。日本語の文章の「段落」と似ているが，パラグラフは日本語の段落よりも構成がはっきりしている。

●主題文：「留学生が日本のことを学ぶ手助けをするために催したい3つの行事がある。」

●支持文①：「**第一に**，映画ナイトを開くことができる。」

●詳細：「日本の映画を上映することで，私たちの文化や生活様式を紹介することができる。」

●支持文②：「**第二に**，地元のマラソンツアーを催すことができる。」

●詳細：「観光名所に向かって走ることで，彼らに地元を見せることができる。留学生は学校の近くのきれいな海岸を見ることもできる。」

●支持文③：「**第三に**，カラオケフェスティバルはおもしろいだろう。」

●詳細：「ポップミュージックを通して，日本語の単語や語句を学ぶことができる。多くの留学生が日本のアニメソングが好きである。」

●結論文：「これらの行事のうち1つかそれ以上を開催すれば，私たちと留学生の両方にとってすばらしい経験になるだろう。」

Let's try

問題文の訳

あなたが留学生のために開きたい3つの行事について1つのパラグラフを書きなさい。

！ヒント

Firstly，Secondly，Thirdly，に続く「主題文」を書き，1文か2文で「詳細」を書く。

解答例

支持文①：Firstly, we can hold a Japanese food festival.
(第一に，日本食フェスティバルを開くことができます。)

詳細：We can introduce our food culture by setting up some food booths. We will get more chances to communicate with them by talking about Japanese food.
(模擬店を開くことで，私たちの食文化を紹介することができます。私たちは日本食について話すことで彼らとコミュニケーションをとるより多くの機会が得られます。)

支持文②：Secondly, we can organize a local cleanup walk.
(第二に，地元清掃ウォークを企画することができます。)

詳細：We can show them around our town by walking in some areas and picking up trash. If local people also join the activity, it will act as a good place for people to meet.
(地域を歩いてごみを拾うことで，彼らに私たちの町を見せることができます。地元の人たちも活動に参加すれば，人々が出会うよい場になるでしょう。)

支持文③：Thirdly, a skit contest would be exciting.
(第三に，スキットコンテストはおもしろいでしょう。)

詳細：We will form some groups with exchange students. They can learn some Japanese expressions while they make short skits and perform them.
(私たちは留学生といくつかのグループを作ります。彼らは短いスキットを作って演じる際に，日本語の表現を学ぶことができます。)

補充問題

1 日本語に合うように，(　　)内の語句を並べ替えて英文を完成させなさい。ただし，不要な語が 1 語ある。

1. 彼らは何時間もその問題について話し合いました。
(the / discussed / about / they / matter) for hours.
____________________ for hours.
2. 彼女は東京で開かれた会議に出席しました。
(the / attended / to / she / meeting) held in Tokyo.
____________________ held in Tokyo.
3. 私が留守の間，犬の世話をしてください。
(my / please / take / look / after / dog) while I'm away.
____________________ while I'm away.
4. 先に行って。私はすぐにあなたに追いつくから。
Go ahead. (you / I'll / catch / down / up / with) soon.
Go ahead. ____________________ soon.

2 日本語に合うように，(　　)内の指示に従って下線部に適切な語句を補いなさい。

1. あなたが駅に着いたらすぐに私に電話してください。(as soon as を使って)
Please ____________________ the station.
2. 彼は昨日，日本に向けてカナダを出発しました。(left を使って)
He ____________________ yesterday.
3. 私は台湾を訪れることを楽しみにしています。(forward を使って)
I'm ____________________ Taiwan.
4. サッカーの試合が来週の土曜日まで延期されました。(put を使って)
The soccer game ____________________.
5. 私たちは先生の言うことに注意を払うべきです。(attention を使って)
We should ____________________ says.

3 ある高校生が思い出の写真について，メモにまとめました。写真とメモを参考にして，書き出しの文に続けて，60 語程度の英文を書き加えなさい。

(メモ)・Two years ago, I took this photo at a park.
・The park is famous for its cherry blossoms.
・We had lunch and talked a lot there.
・Their smiling faces in this picture encourage me.

Here is a photo of my best friends. ____________________

____

____

____

Build Up 1 名詞と冠詞

解説

1 名詞の数

英語の名詞には,「**数えられる名詞**」(Ⓒ countable noun **可算名詞**)と「**数えられない名詞**」(Ⓤ uncountable noun **不可算名詞**)」がある。

数えられる名詞

定まった形がイメージできるものを表す名詞。

数えられる名詞は,「**単数**」と「**複数**」の区別をする必要がある。

［複数形の作り方］①-s または -es を付ける：dog → dogs, dish → dishes
②不規則に変化：child → children, man → men, foot → feet
③単数形と複数形が同じ形(単複同形)：sheep, Japanese(日本人)

The medical team consists of five Americans and three **Japanese**.
(その医療チームは5人のアメリカ人と3人の日本人で構成されている。)

単数形は単独では使えず,必ず冠詞(a / an, the)や my, her, this, that などの限定語を付ける。

Julia is <u>a</u> **friend** from kindergarten.(ジュリアは幼稚園からの友達です。)

What do you have in <u>your</u> **pocket**?(ポケットに何が入っているのですか。)

●数えられる名詞の例

自然界のもの	□ flower(花) □ bird(鳥) □ dog(犬) □ lake(湖) □ mountain(山) □ star(星) □ earthquake(地震)
人工のもの	□ pencil(鉛筆) □ train(列車) □ phone(電話) □ house(家) □ chair(いす) □ hotel(ホテル)
人を表すもの,人の集合を表すもの	□ girl(少女) □ mother(母) □ woman(女性) □ family(家族) □ class(クラス) □ team(チーム)

数えられない名詞

具体的な輪郭や境界がイメージしにくいものを表す名詞。

●数えられない名詞の例

自然界のもの	□ sky(空) □ water(水) □ air(空気) □ land(陸地) □ rain(雨) □ snow(雪)
人工のもの	□ soap(せっけん) □ bread(パン) □ money(お金) □ homework(宿題) □ furniture(家具) □ baggage(手荷物)
抽象的な概念・感情など	□ information(情報) □ freedom(自由) □ damage(被害) □ progress(進歩)

数えられない名詞は複数形にできない。また,a / an も付かない。

Water is important.(水は大切です。)

×*Waters <u>are</u> important.* ×*<u>A</u> water is important.*

単独で用いることは可能だが,数量を表す語句を付けることが多い。

Would you like *some* **tea**? (お茶はいかがですか。)

I had *a glass of* mineral **water**.(私はミネラルウォーターを一杯飲んだ。)
本来は数えられない名詞でも，数えられる名詞として用いられることがある。
I'd like a **coffee**, please.([注文で]コーヒーを1つください。)
《注意》数えられない名詞は，容器や形状，単位を表す語を使って数えることができる。
(例) *a cup of* **coffee**(1杯のコーヒー)，*two glasses of* **water**(2杯の水)，
a kilogram of **meat**(1キログラムの肉)，*a piece of* **information**(1つの情報)

両方に用いられる名詞

同じ名詞が意味によって数えられる名詞にも数えられない名詞にもなることがある。
There was a **fire** in my neighborhood last night.(昨夜，近所で火事があった。)→「火事」：**可算名詞**
Animals are afraid of **fire**.(動物は火を怖がる。)→「火」：**不可算名詞**

paper		room		work	
C新聞	U紙	C部屋	U余地，空間	C作品	U仕事

2 冠詞

冠詞には，**a / an**(**不定冠詞**)と **the**(**定冠詞**)がある。名詞の前に付いて，「どれでもよい任意のもの」か「特定のもの」かを示すことができる。

	数えられる名詞		数えられない名詞
	単数(1つ)	複数(2つ以上)	
どれでもよい任意のもの	**a** pencil	pencil**s**	meat
特定のもの	**the** pencil	**the** pencil**s**	**the** meat

a / an が使われる場合

a / an は「(いくつもある中の)1つ」を表す。数えられる名詞の単数形の前に付く。
①初めて出てくる語に付く a / an
話の中で初めて出てくる語に付ける。
I bought **a** new watch today. It is very nice.(私は今日新しい時計を買った。それはとても素敵だ。)
「時計を買った」という事実を単に伝えている。聞き手はどの時計かはわからない。
②「1つの〜」を表す a / an
「1つの〜」という意味を表し，one(1つの〜)と同じ意味で用いられる。
I stayed in Hokkaido for **a** week[= for one week].(私は1週間，北海道に滞在した。)

the が使われる場合

the は後ろにくる名詞が特定できるものであることを示す。
①すでに出てきた語に付く the
文脈上すでに出てきたものを指す場合，1つのものに決まるため，the が用いられる。
If you pet **a** dog, **the** dog will like you.
(あなたがイヌをやさしくなでたら，その犬はあなたのことを気に入るでしょう。)
②状況から特定される語に付く the
状況から名詞の内容が特定されるものである場合に用いられる。
"Open **the** door, please." "OK."(「ドアを開けてください。」「いいですよ。」)
⇨ Would you pass me **the** salt, please?(塩を取っていただけますか。)

Practice

あなたはカフェで見かけた知り合いや状況について，一緒にいる友だちとその情報を伝え合っています。ボックスの語句を使っても構いません。次の例を参考に具体的に伝えましょう。

！ヒント

カフェで見かけた知り合いや状況について述べる。数えられる名詞・数えられない名詞，単数・複数，冠詞に注意すること。例えば，He is taking photos. や He is taking a photo. は正しいが，He is taking photo. は誤り。また，友だちが言ったことに対して，Oh, there he is.(探していた人を見つけたときなどに使う)や Oh, I see. などを使って返事をするとよい。

(例)

(1)

A: Oh, look! Bill is over there.(ああ，見て！ ビルが向こうにいるよ。)

B: Where is he?(どこにいるの？)

A: He is taking photos near the entrance.(入口の近くで写真を撮っているよ。)

B: Oh, there he is. He got his hair cut.(ああ，いたわ。髪を切ったのね。)

(2)

A: Oh, look! There are some free seats.
(ああ，見て！ あいている席がいくつかあるよ。)

B: Where?(どこに？)

A: In front of the counter.(カウンターの前だよ。)

B: Oh, I see. Let's line up for our coffees.
(ああ，わかったわ。コーヒーの注文に並びましょう。)

take a photo(写真を撮る)，in front of the counter(カウンターの前に)，near the entrance(入口の近くに)，wear a pair of glasses(眼鏡をかける)，hold a smartphone(スマートフォンを持つ)，wear a hat(帽子をかぶる)，give advice(アドバイスを与える)，have a pen(ペンを持つ)，search for information(情報を探す)，eat pasta(パスタを食べる)

解答例

A: Oh, look! Tom is over there. (ああ，見て！ トムが向こうにいるよ。)

B: Where is he? (どこにいるの。)

A: He is talking with Jack. (ジャックと話しているよ。)

B: Oh, there he is. The hat he is wearing is nice.
(ああ，いたわ。かぶっている帽子がすてきね。)

補充問題

1 日本語に合うように，(　　)に適切な語を入れなさい。

1. マイクは新しい眼鏡を 1 つ買うことにしました。
Mike decided to buy a new (　　　　) of (　　　　).
2. 銀行の前に駐車している車は私のです。
(　　　　) car parked in front of (　　　　) bank is mine.
3. 見て。そのポットに少しだけ水が入っています。
Look. There is a little (　　　　) in (　　　　) pot.
4. 手荷物は座席の下に置いてください。
Please put your (　　　　) under the seat.
5. 外は暑いですね。水を 1 杯いかがですか。
It's hot outside. Would you like (　　　　) (　　　　) of (　　　　)?

2 次の英文には間違いが 2 か所ずつ含まれています。正しい英文に直しなさい。

1. Oliver found several pieces of nice furnitures on internet.
________________________________.
2. Karina has a lot of homeworks to do after the dinner tonight.
________________________________.
3. Sam gave me some good advices on how to learn foreign language.
________________________________.
4. Mary had two slices of breads for breakfast, watching the news on the TV.
________________________________.
5. Look at a woman playing a piano there.
________________________________.

3 日本語に合うように，下線部に適切な語句を補いなさい。ただし，(　　)内の語を，必要があれば適切な形に変えて使うこと。

1. 鶏肉と豚肉，あなたはどちらの方が好きですか。(like)
Which ________________________________?
2. 私たちは昨年，同じクラスでした。(same)
________________________________ last year.
3. メアリーはスープに塩を入れすぎました。(put, much)
________________________________ the soup.
4. トムは毎月，本にたくさんのお金を使います。(spend, on)
________________________________ every month.

Lesson 3 Who is the best athlete?

Topic Introduction

①Sports **have been** around for a long time. ②For example, an ancient wall painting **shows** that people **enjoyed** wrestling in ancient Egypt. ③In addition, the Olympics **began** in the 8th century B.C.E. in ancient Greece and many people still **enjoy** them today. ④Although the history of sports is old, professional sports are relatively new. ⑤This means that sports **are evolving**. ⑥They **will** continue to excite people and produce superstars.

①スポーツは長い間，身近に存在しているものである。②例えば，ある古い壁画は古代エジプトで人々がレスリングを楽しんでいたことを示している。③さらに，オリンピックは紀元前８世紀の古代ギリシャに始まり，現在でも多くの人が楽しんでいる。④スポーツの歴史は古いが，プロスポーツは比較的新しい。⑤これはスポーツが今も進化していることを示す。⑥スポーツはこれからも人々を楽しませ，スーパースターを生み出すだろう。

語句と語法のガイド

be around	熟 存在している，一緒にいる
ancient [éɪnʃənt]	形 古代の ▶ 反 modern 形 現代の
wrestle [résl] 発音	動 レスリングをする
in addition	熟 さらに ▶ add 動 ～を加える
the Olympics	熟 オリンピック
B.C.E.	熟 紀元前～ ▶ before the Common Era の略
Greece [griːs]	名 ギリシャ ▶ Greek 形 ギリシャの
although [ɔːlðóʊ] 発音	接 ～だけれども
relatively [rélətɪvli] アクセント	副 比較的(に) ▶ relative 形 比較上の，相対的な
evolve [ɪvá(ː)lv]	動 進化する ▶ evolution 名 進化
excite [ɪksáɪt]	動 ～を楽しませる ▶ excitement 名 興奮
produce [prədjúːs]	動 ～を生み出す ▶ production 名 生産

解説

① **Sports have been around for a long time.**
have been は，継続を表す現在完了形。EB3

② **..., an ancient wall painting shows that people enjoyed wrestling in ancient Egypt.**
shows は現在形。EB1 show (that) ～は「～ということを示す」という意味。
enjoyed は過去形。EB4 enjoy *doing* で「～することを楽しむ」という意味。

③ **In addition, the Olympics began in the 8th century B.C.E. in ancient Greece and many people still enjoy them today.**
時制に注意する。in the 8th century B.C.E.(紀元前８世紀)という時を表す語句とともに過去形 began が使われている。EB4 また，today(現在)とともに現在形 enjoy が使われている。EB1

⑤ **This means that sports are evolving.**
This は前文の内容を指す。
are evolving は現在進行形。 EB2

⑥ **They will continue to excite people and produce superstars.**

They は sports を指す。
will は未来を表す助動詞。 EB8

Listening Task

Circle T for True or F for False. （正しければT, 間違っていればFに○をつけなさい。）

！ヒント

1. 古い絵は古代に人々がスポーツを楽しんでいたことを示しているか。(→②)
2. 最初のオリンピックは紀元前８世紀にイタリアで始まったか。(→③)
3. プロスポーツはスポーツの始まりからずっと存在しているか。(→④)

Example Bank

時を表す

A 現在を表す

1. Winter sports **are** very popular in Canada.
(カナダでは冬のスポーツはとても人気がある。)
2. The Tigers and the Hawks **are playing** now.
(タイガースとホークスは今，試合をしている。)
3. She **has been** a professional tennis player for five years.
(彼女は５年間プロテニス選手である。)

解説

現在形

1. are は be 動詞。**状態動詞**(ある状態が続いていることを表す動詞)は，ある程度の時間の幅を持った現在の**状態**を表す。know(知っている)，belong(所属している)，have(持っている)，love(愛している)，own(所有している)，believe(信じている)など。
《注意》状態動詞は原則として現在進行形にしない。
×*Kate is knowing how to cook Italian food.*
動作動詞(動作や行為を表す動詞)は，「(いつも)～する」という現在の習慣的・反復的**動作**を表す。
⇨ He **washes** his car every Sunday.(彼は毎週日曜日に車を洗います。)
過去・現在・未来を通じて変わることのない事実や真理を表す場合にも現在形が使われる。
⇨ The sun **rises** in the east and **sets** in the west.(太陽が東から昇り西に沈みます。)

現在進行形

2. **現在進行形**〈**am / are / is ＋ *doing***〉で「(今)**～している(ところだ)**」という**現時点において行われている動作**を表す。

+ 現在進行形はある期間に繰り返されている動作も表す。

⇨ She **is playing** tennis these days.(彼女は最近，テニスをしています。)

「テニスをする」という動作が「最近」という限られた期間内に繰り返し行われることを示している。「(以前はやっていなかったが)最近やり始めた」というニュアンスが含まれる。

現在完了形

現在完了形は〈**have**［**has**］**＋過去分詞**〉の形で，過去の出来事が現在と結びついていることを表す。「**継続**」「**経験**」「**完了・結果**」を表す3つの用法に分けられる。

3. 現在までの**状態**の「継続」は現在完了形で表し，「(今まで)**ずっと〜である**」という意味。**動作**の「継続」は，現在完了進行形〈have［has］been ＋ *doing*〉で表す。
「経験」は「(今までに)**〜したことがある**」,「完了・結果」は「(今)**〜したところだ**」「**〜してしまった**(今も…だ)」という意味。

⇨ I **have met** her twice.(私は彼女に2度会ったことがあります。)

⇨ I **have** just **heard** the news.(私はちょうどその知らせを聞いたところです。)

現在完了進行形

現在までの**動作**の「継続」は，**現在完了進行形**〈**have**［**has**］**been ＋ *doing***〉で表す。「(今まで)**ずっと〜し続けている**」という意味になる。

⇨ He **has been watching** TV since this morning.
(彼は今朝からずっとテレビを見続けています。)

「〜する」の表現

英語である動作を表す場合，それが習慣なのか，未来の計画なのかなど，その内容や時間的な関係に応じて適切な動詞の形を選ぶ必要がある。

「〜している」の表現

「〜している」行為の内容に応じて適切な動詞の形を選ぶ必要がある。現時点で進行中の動作であれば**現在進行形**を，現在の状態であれば**現在形**を，また，ある状態が過去から継続している場合は**現在完了形**を用いる。

B 過去を表す

4. Nakata Hidetoshi **started** playing soccer when he was eight.
(中田英寿は8歳の時サッカーを始めた。)

5. The team **was training** in the gym when the earthquake struck.
(地震が起きたとき，そのチームはジムでトレーニングをしていた。)

6. He **had been** the world record holder until last Sunday, but his record was broken by a rival runner.(彼は先週の日曜日まで世界記録保持者だったが，彼の記録はライバル走者によって破られた。)

解説

過去形

4. 動作動詞を過去形で用いた場合，「〜した」という**過去の動作や出来事**を表す。
状態動詞を過去形で用いた場合，過去にある程度の期間同じ状態だったことを表す。

⇨ Meg **lived** next door to us before.(メグは以前，私たちの隣に住んでいました。)

《注意》過去形は今と切り離した過去の事柄だけを表す。メグが現在どこに住んでいるかについては述べていない。

過去進行形

5. 過去進行形を用いて，**過去のある時点**(ここでは when the earthquake struck)で**動作が進行中**であったことを「**〜していた**」と表す。

➕ 過去進行形は過去における反復的動作を表すこともできる。その場合，期間を表す副詞(句)を伴うことが多い。

⇨ *In those days*, we **were playing** the guitar all day.
(そのころ，私たちは一日中ギターを弾いていました。)

過去完了形

過去完了形は〈**had ＋過去分詞**〉の形で，過去のある時点とさらに前の過去の時点を結びつける表現である。過去完了形は，現在完了形の「現在」と「過去」の関係を，そのまま「過去」と「さらに過去」へスライドさせたイメージである。

6. 過去のある時点までの**状態**の「継続」は過去完了形で表し，「(過去のある時点まで)**ずっと〜だった**」という意味。**動作**の「継続」は，過去完了進行形〈had been ＋ *do*ing〉で表す。「経験」は「(過去のある時点までに) **〜したことがあった**」，「完了・結果」は「(過去のある時点までに)**〜して(しまって)いた**」という意味。

⇨ I **had** never **seen** an opera until I visited Italy.
(私はイタリアを訪れるまで，オペラを見たことがありませんでした。)

⇨ The party **had** already **started** when we arrived.
(私たちが到着したとき，パーティーはすでに始まっていました。)

過去に起こった 2 つの出来事を述べるとき，時間的な前後関係を明確に表すため，先に起こった出来事を過去完了形にする。この用法を「大過去」という。

⇨ I *heard* that Fred **had returned** to Canada at that time.
(フレッドはそのときにはカナダに帰っていたと聞きました。)

過去完了進行形

過去のある時点までの**動作**の「継続」は，**過去完了進行形〈had been ＋ *do*ing〉**で表す。「(過去のある時点まで)**ずっと〜し続けていた**」という意味になる。

⇨ Nick **had been waiting** at the bus stop for half an hour when the bus came.(ニックはバスが来るまで 30 分間バス停で待っていました。)

《注意》状態動詞を使って状態の継続を表す時は，過去完了形で表す。

⇨ When I met her, she **had known** them for years.
(私が彼女と出会ったときには，彼女は彼らと長年の知り合いになっていました。)

「〜した」の表現

日本語の「〜した」に広く対応する英語は**過去形**だが，話者が現在の状態に焦点をあてながら過去とのつながりを表す際には**現在完了形**が用いられるなど，文脈に応じ時制を適切に選ぶ必要がある。

「〜していた」の表現

日本語の「〜していた」は，過去のある時点で行われていた動作を示す場合は**過去進行形**で表す。また，「〜していた」内容が過去のある時点とさらに前の過去の時点に結びついている場合は**過去完了形**を用いる。このように，状態や動作の内容により時制を適切に選ぶ必要がある。

C 未来を表す

7. The NBA regular season **starts** in October.
(NBA のレギュラーシーズンは 10 月に始まる。)

8. He **will** surely win the next marathon.
(彼はきっと次のマラソンで優勝するだろう。)

9. The tournament **is going to** be held in Australia.
(そのトーナメントはオーストラリアで開催される予定だ。)

10. The table tennis player **will be playing** in China next year.
(その卓球選手は来年は中国でプレーしているだろう。)

解説

現在で「確定した未来の予定」を表す

7. 出発時刻などのような，現時点で**確定している未来の予定**(変更の可能性が少ない予定)については，**現在形**を使って未来を表す。go, come, start, leave, arrive など，往来・発着を表す動詞がよく使われ，日時を表す語句を伴うことが多い。

〈will ＋動詞の原形〉

8. **「～だろう，～になる」**という意味で，単なる**未来の予測や自然の成り行き**を表す。このような，主語の意志とは関係がない will を**単純未来**の will という。
一方，「～するつもりだ，～する」という意味で，主語の意志を表す will を**意志未来**の will という。
⇨ I **will** call you tonight.(私は今夜，あなたに電話します。)

〈be going to ＋動詞の原形〉

9. **「～する予定だ」**という**前から予定していること**を述べるときに使われる。
《注意》明らかにその場で決めたことについては，be going to ではなく，will を使う。
⇨ “Someone is knocking on the door!” “OK. I’ll answer it.”
(「誰かがドアをノックしているよ。」「了解。僕が出るよ。」)
また,〈be going to＋動詞の原形〉は「**～しそうだ**」という**近い未来の予測**を表す。
⇨ The sky is clouded over; I think it’**s going to** rain.
(空がすっかり曇っています。雨が降ると思います。)

〈will be ＋ *doing*〉

10. **未来進行形〈will be ＋ *doing*〉**は，「(未来のある時点において)**～しているだろう**」という，未来のある時点において行われているであろう動作を表す。

be about to *do*

be about to *do* は「まさに～しようとしている」という意味で，差し迫った未来を表す。
⇨ The final game of the tournament **is about to** begin.
(トーナメントの決勝戦が始まろうとしています。)

Try it out!

1 [ ]内の語を使って，会話を完成させましょう。

! ヒント ➡EB3,5,6,8

1. ・「何をしていましたか」と過去進行形で尋ねられている。
・「昨晩，日本が試合に勝ったとき，あなたは何をしていましたか。」「私はお風呂に入っていました。実は，サッカーの大ファンではありません。」
2. ・for about seven years(約 7 年間)に注目する。「継続」を表す現在完了形で表す。
・「彼はいつジャイアンツに入りましたか。」「彼は約 7 年間チームにいます。」
3. ・「彼女が次のグランドスラムタイトルを獲得する」のは未来のこと。
・「彼女は確かに最も偉大なテニス選手のうちの 1 人です。」「はい。きっと彼女が次のグランドスラムで優勝すると思います。」
4. ・「ジョンソンのタイムが長年，世界記録だった」のは「新たな世界記録が樹立された」よりも前のこと。
・「ニュースを聞きましたか。ジョンソンのタイムが長年，世界記録でしたが，新たな世界記録が昨日ライバル走者によって樹立されました。」「本当ですか。驚きです！」

語句と語法のガイド

actually [ǽktʃuəli]	副 実は，本当は ▶ actual 形 実際の
definitely [défənətli] 発音	副 確かに
win a title	熟 タイトルを獲得する ▶ title 名 選手権
amazing [əméɪzɪŋ]	形 驚嘆するほどの ▶ amaze 動 〜を驚かす

練習問題① [ ]内の語を使って，会話を完成させましょう。

1. “You didn’t answer my call. What were you doing around eight last night?” “I ________ a tennis match on TV.” [watch]
2. “When did he join Real Madrid?” “He ________ on the team for ten years.” [be]
3. “She is one of the greatest snowboarders.” “Yes. I’m sure she ________ a gold medal at the next Winter Olympic Games.” [win]
4. “Did you hear the news about Peaty? His time ________ the world record for years, but a new world record was set yesterday by a rival swimmer.” “Really? That’s amazing!” [be]

2 あなたはクラスメートとスポーツの話をしています。下線部の語句を自分の言葉で言いかえて伝え合いましょう。答えるときは理由や詳細を加えてみよう。

! ヒント ➡EB Ⓐ Ⓑ Ⓒ

・相手の質問に合わせた時制(現在・過去・未来)を使うように注意する。
・belong や like のような状態動詞は進行形にならない。

1. A: Did you play any sports when <u>you were in elementary school</u>?
(小学生のとき，あなたは何かスポーツをしていましたか。)

B:（例）Yes. I **belonged** to the soccer team. I **was** the goalkeeper.
（はい。私はサッカーチームに入っていました。ゴールキーパーでした。）

2. A: Which ball games do you like to watch?
（あなたはどの球技を見るのが好きですか。）

B:（例）I **like** baseball. **I'm** a big fan of the Dragons.
（私は野球が好きです。ドラゴンズの大ファンです。）

3. A: Can you think of any world record holders in any sport?
（あなたはスポーツの世界記録保持者を誰か思いつきますか。）

B:（例）Yes. Usain Bolt **holds** the world record for the 100-meter dash.
（はい。ウサイン・ボルトは 100 メートル競走で世界記録を保持しています。）

4. A: What kind of sports will you do after you get a job?
（就職した後，あなたはどんな種類のスポーツをするつもりですか。）

B:（例）I think I **will** continue to do *kyudo.*
（私は弓道をし続けたいと思います。）

語句と語法のガイド

ball game	熟 球技
think of ～	熟 ～を思いつく
holder [hóʊldər]	名 保持者 ▶ hold 動 ～を保持する
100-meter dash	熟 100 メートル競走

解答例

1. A: Did you play any sports when you were in junior high school?
（中学生のとき，あなたは何かスポーツをしていましたか。）

B: Yes. I belonged to the baseball club. I was the pitcher.
（はい。私は野球部に入っていました。ピッチャーでした。）

2. A: Which team sports do you like to play?
（あなたはどの団体競技をするのが好きですか。）

B: I like playing volleyball. I also like watching volleyball games.
（私はバレーボールをするのが好きです。バレーボールの試合を見るのも好きです。）

3. A: Can you think of any Olympic gold medalists in any sport?
（あなたはスポーツのオリンピック金メダリストを誰か思いつきますか。）

B: Yes. Icho Kaori is a four-time Olympic gold medalist.
（はい。伊調馨はオリンピックで 4 回金メダルを獲得した人です。）

4. A: What kind of sports will you start playing in the future?
（将来あなたはどんな種類のスポーツを始めるつもりですか。）

B: I think I will start playing tennis at university.
（私は大学でテニスを始めようと思っています。）

3 **次の表は，テレビで放送予定のテニスの試合に出場する選手の情報です。どちらか1名を選び，プロフィールをクラスメートに伝えましょう。また，どちらの選手が勝つと思うか，理由をつけてクラスメートに伝えよう。**

!ヒント ➡EB ⒶⒷⒸ

・生まれた年や場所は，was born in ～(～年に[～で]生まれた)で表せばよい。
・身長には，is ～ tall(～の高さである)，体重には，weighs ～(～の重さである)を使うことができる。
・どちらの選手が勝つと思うか述べるときに，タイトル数やランキングの比較を理由にすることができる。

	Denis Green (デニス・グリーン)	**Peter Miller (ピーター・ミラー)**
Birth year / place (生まれた年／場所)	2000 / Canada (2000年／カナダ)	1995 / Australia (1995年／オーストラリア)
Height / Weight (身長／体重)	191cm / 73kg	179cm / 80kg
Tournament titles (トーナメントタイトル)	1	4
Last year's rank(去年のランク)	224	51
Current rank(現在のランク)	121	97

(例) Peter Miller **was** born in 1995 and he is 179 centimeters tall. I think he **will** be the winner because he **has won** four titles while Denis Green **has won** once.(ピーター・ミラーは1995年に生まれました。彼の身長は179センチメートルです。デニス・グリーンが1度優勝したのに対して，彼は4つのタイトルを獲得したので，私は彼が勝者になるだろうと思います。)

語句と語法のガイド

birth [bə́ːrθ] 名 誕生 ▶ be born 動 生まれる
height [haɪt] 発音 名 身長，高さ ▶ high 形 高い[high は人・動物には用いない]
weight [weɪt] 発音 名 体重 ▶ weigh 動 重さが～である
tournament [túərnəmənt] 名 トーナメント
rank [ræŋk] 名 ランク，順位
current [kə́ːrənt] 形 現在の

解答例

Denis Green was born in Canada in 2000. He is 191 centimeters tall, and he weighs 73 kilograms. I think he will be the winner because he has gone up in the ranking while Peter Miller has gone down.
(デニス・グリーンは2000年にカナダで生まれました。彼の身長は191センチメートルで，体重は73キログラムです。ピーター・ミラーのランキングが下がっているのに対して，彼は上がっているので，私は彼が勝者になるだろうと思います。)

Expressing

STEP 1

問題文の訳 会話を聞いて，表の空欄に Kei，Jess，Martin に関する情報を記入しなさい。下のボックスの中から彼らのお気に入りのスポーツ選手とそのスポーツ選手の業績を選びなさい。

！ヒント それぞれの人物のお気に入りのスポーツ選手とその選手の業績を聞き取る。

a. won many grand slam titles （多くのグランドスラムで優勝した）

b. held the championship for five years in a row （5 年連続で選手権を保持した）

c. won a gold medal at the Sydney Olympics （シドニーオリンピックで金メダルを獲得した）

STEP 2

問題文の訳 あなたのお気に入りのスポーツ選手，その人のするスポーツ，その人の業績のうちの2つを書きなさい。そして，あなたのパートナーにお気に入りのスポーツ選手について尋ねなさい。

！ヒント He holds ～(彼は～を保持している)，He achieved ～(彼は～を達成した)など，業績を述べる際は，時制に注意する。

（例） A：あなたのお気に入りのスポーツ選手は誰ですか。

B：私のお気に入りのスポーツ選手は偉大な野球選手の鈴木一朗です。

A：彼の業績のいくつかはどのようなものですか。

B：彼はシーズン 262 安打記録を保持しています。さらに，10 シーズン連続で 200 本安打を達成しました。

解答例

A: Who is your favorite athlete?(あなたのお気に入りのスポーツ選手は誰ですか。)

B: My favorite athlete is Osaka Naomi, a great tennis player.
(私のお気に入りのスポーツ選手は偉大なテニス選手の大坂なおみです。)

A: What are some of her achievements?(彼女の業績のいくつかはどのようなものですか。)

B: She has won four Grand Slam titles in total. In addition, she is the first Asian player to hold the top ranking in singles. (彼女は通算で 4 回グランドスラムのタイトルを獲得しました。さらに，彼女はシングルスで首位を占めた最初のアジア人選手です。)

STEP 3

問題文の訳 下の形式を使って，あなたのパートナーのお気に入りのスポーツ選手についてパラグラフを 1 つ書きなさい。

！ヒント ・He / She has achieved many things. の後に，1 つ目の業績を，For example, ～に続けて述べる。In addition(さらに)の後に，2 つ目の業績を述べる。

・She has won ～(彼女は～を獲得した)，She is ～(彼女は～である)など，業績を述べる際は，時制に注意する。

解答例

Jun likes Osaka Naomi, who plays tennis professionally. She has achieved many things. **For example**, she has won four Grand Slam titles in total. **In addition**, she is the first Asian player to hold the top ranking in singles. I think she is one of the greatest tennis players in the world. (ジュンはプロとしてテニスをしている大坂なおみが好きです。彼女は多くのことを達成しました。例えば，彼女は通算で 4 回グランドスラムで優勝しました。さらに，彼女はシングルスで首位を占めた最初のアジア人選手です。彼女は世界で最も偉大なテニス選手の 1 人だと思います。)

Logic Focus

■例示と追加

あるトピックについて，例を挙げたり，具体的な情報を付け加えたりすることで，自分の意見や主張の説得力を増すことができる。

例文の訳

クリスティアーノ・ロナウドは多くの驚くべき記録を持つ偉大なサッカー選手の1人である。例えば，彼はスペイン，イングランド，イタリアの3か国でリーグ優勝を勝ち取った最初の人物である。加えて，サッカーの世界年間最優秀選手賞であるバロンドールを5度受賞した。彼はさらにUEFAチャンピオンズリーグで最多得点記録を持っている。

■パラグラフの構成

主題文の内容をサポートするために，for example, for instanceなどの表現を使って具体例を示す。具体例は複数挙げるとより効果的である。in addition, alsoなどを用いて追加の例を示すとよい。

主題文

クリスティアーノ・ロナウドは多くの記録を持つ最も優れたサッカー選手の1人である

支持文　例示

for example(例えば)：スペイン，イングランド，イタリアのリーグで優勝した最初の人物

支持文　追加1

in addition(さらに)：世界年間優秀選手賞であるバロンドールを5度受賞

支持文　追加2

also(また)：UEFA(ヨーロッパサッカー協会連合)チャンピオンズリーグで最多得点記録を保持

■つなぎの言葉

例示	for example / for instance(例えば)，such as ～(～のような)，including ～(～を含む)
追加	too / also(～も)，as well(～もまた)，furthermore(さらには)，besides / moreover / what is more(その上)，in addition(加えて)

Let's try

問題文の訳

次の文脈に合うように,あなたのお気に入りのスポーツ選手についてパラグラフを1つ書きなさい。

！ヒント

for exampleの後に1つ目の業績を，in additionの後に2つ目の業績を書けばよい。

解答例

Suzuki Ichiro is one of the most talented athletes who has many remarkable records. For example, he holds the single-season hit record of 262. This is the current world record, and I am sure it will remain so for a long time. In addition, he achieved 10 consecutive 200-hit seasons, and this is the longest record in history so far. (鈴木一朗は多くの注目に値する記録を持つ最も才能のあるスポーツ選手のうちの1人です。例えば，彼は262のシーズン最多安打記録を保持しています。これは現在の世界記録で，きっと長い間続くだろうと思っています。さらに，10シーズン連続で200本安打を達成しました。これはこれまでのところ史上最長の記録です。)

補充問題

1 **日本語に合うように，(　　)内の語句を並べ替えて英文を完成させなさい。ただし，下線部の語は必要ならば適切な形に変えること。**

1. 私の祖母は，地元のボランティアクラブに所属しています。
   My (belong / a / to / local / grandmother / volunteer) club.
   My ______________________________ club.
2. 姉が帰ってきたとき，私はお風呂に入っていました。
   (take / I / my / a / when / sister / bath / was) came back.
   ______________________________ came back.
3. 私は部屋に携帯電話を忘れてきたことに気がつきました。
   I realized (leave / that / I / my / in / cell phone) my room.
   I realized ______________________________ my room.
4. 試合は7時に始まる予定です。
   (start / is / to / at / going / the game) seven o'clock.
   ______________________________ seven o'clock.
5. 明日の今ごろ，私はステージ上でギターを弾いているでしょう。
   (play / I / be / will / on / the guitar) the stage this time tomorrow.
   ______________________________ the stage this time tomorrow.

2 **日本語に合うように，(　　)内の語を必要ならば適切な形に変えて使い，下線部に適切な語句を補いなさい。**

1. 私たちは夏にはいつもビーチに行きます。(go)
   ______________________________ in summer.
2. ジムと初めて会ってから5年が過ぎました。(pass，meet)
   Five years ______________________________ Jim.
3. 彼は3時間コンピューターを使っています。(use)
   ______________________________ hours.
4. 私が駅に着いたとき，電車はすでに出発していました。(arrive，leave)
   When I ______________________________.

3 **あなたの将来の夢は何ですか。また，そのために何かしていることがありますか。あるいはどのような努力をするつもりでいますか。60語程度の英文を書いてみよう。**

____

____

____

____

Lesson 4 Is social media safe?

Topic Introduction

①Social media is essential in our lives, but it **may** cause unexpected trouble. ②For example, we **must** be careful with what we share on social media. ③Pictures **may** have private information including when and where the picture was taken. ④In addition, we **should** take our time before we post comments. ⑤Our words **could** hurt others. ⑥To avoid trouble, we **had better** think carefully when we use social media.

①私たちの生活の中で，SNS は欠かせませんが，予期せぬトラブルに巻き込まれることもあります。②例えば，SNS で共有するものには気をつけなければなりません。③写真が撮られた時間や場所の個人情報が含まれているかもしれないからです。④さらに，コメントを投稿する前に一呼吸置く必要もあります。⑤もしかしたら私たちの言葉が他の誰かを傷つけるかもしれません。⑥トラブルを避けるために，SNS を使うときにはよく考えたほうがよいでしょう。

語句と語法のガイド

essential [ɪsénʃəl] アクセント	形 欠かせない ▶ essence 名 本質
unexpected [ʌ̀nɪkspéktɪd]	形 予期しない ▶ expect 動 ～を予期する
be careful with ～	熟 ～(の扱い)に気をつける
including [ɪnklúːdɪŋ]	前 ～を含めて ▶ include 動 ～を含む
take *one's* time	熟 急がず[ゆっくりと]やる
post [poʊst]	動 ～を投稿する ▶ 名 投稿
avoid [əvɔ́ɪd]	動 ～を避ける

解説

① **Social media is essential in our lives, but it may cause unexpected trouble.**
日本語では SNS(= social networking service)「ソーシャルメディア(SNS)」という表現がよく使われるが，英語では social media が一般的。
may は推量を表す助動詞。 EB8

② **For example, we must be careful with what we share on social media.**
must は義務・必要性を表す助動詞。 EB1
what は関係代名詞。what = the things which[that] と考える。

③ **... may have private information including when and where the picture was taken.**
may は推量を表す助動詞。 EB8
when and where the picture was taken は間接疑問文。

④ **In addition, we should take our time before we post comments.**
should は義務・必要性を表す助言を表す助動詞。 EB5

⑤ **Our words could hurt others.**
could は推量・可能性を表す助動詞。 EB7

⑥ **To avoid trouble, we had better think carefully when we use social media.**

to avoid は目的を表す不定詞の副詞的用法。

had better は命令・忠告・必要性を表す助言を表す助動詞。 **EB4**

Listening Task

Circle T for True or F for False. （正しければT,間違っていればFに○をつけなさい。）

（！ヒント）

1. SNSでいつトラブルが起こるかわかるか。(→①)
2. SNSですべての写真を共有することは安全か。(→②③)
3. 著者は，SNSを使うときは用心するべきだと思っているか。(→⑥)

Example Bank

義務・必要・推量を表す

A 義務や必要性

1. We **must** be careful with our social media posts.
   (私たちは自分のソーシャルメディアの投稿に注意しなければならない。)
2. You **have to** have your smartphone off during the movie.
   (上映中は携帯電話の電源を切っておかなければならない。)
3. I've **got to** reply to a message from my friend.
   (友人からのメッセージに返信しなければならない。)

解説

義務・必要性を表す助動詞

助動詞は，話し手の気持ちや思い，判断を表すことができる。〈**助動詞＋動詞の原形**〉の形で用いられ，主語が3人称単数であっても基本的に語形変化しない。「〜をすべきだ」などと**義務・必要**を表す助動詞は，must ＞ have to ＞ had better ＞ should / ought to の順に義務・必要の度合いが弱くなる。

must

1. **must** は「**〜しなければならない**」という**義務・必要**を表す。「(話し手が主観的に)〜しなければならない」と感じている場合に使われる。

《注意》mustには過去形がなく，× *will must*のように助動詞を2つ続けることもできない。過去や未来における義務・必要を表すときは must ではなく have to を用いる。

〔過去〕⇨ I **had to** wait for two hours.(私は2時間待たなければなりませんでした。)

〔未来〕⇨ You **will have to** wait a long time.
(あなたは長時間待たなければならないでしょう。)

must not は「**〜してはいけない**」という意味で，強い禁止を表す。短縮形は mustn't[mʌ́snt]である。

⇨ Students **must not** park their bicycles outside the school's parking area.(生徒は学校の駐輪場の外に自転車を停めてはいけません。)

have to *do*

2. **have to *do*** は「**〜しなければならない**」という意味で，状況から客観的に判断した**義務・必要**を表す。口語では must よりも好まれる。

《注意》have to *do* の否定形 **don't / doesn't have to *do*** は「**〜する必要はない，〜しなくてもよい**」という不必要を表す。

⇨ **I don't have to** get up early tomorrow.（明日は早く起きる必要はない。）

➕ **have［has］ to** は状況から判断した義務・必要を，**must** は話し手が主観的に感じている義務・必要を表す。

⇨ You **have to** study hard.（〔状況から〕君は一生懸命勉強しないといけません。）

⇨ You **must** study hard.（君は一生懸命勉強しないといけません（と私は思います）。）

have got to *do*

3. 口語では have to *do* と同じ意味で have got to *do* が使われる。

only have to *do*

only have to *do* または have only to *do* は「〜しさえすればよい」という意味。

⇨ You **only have to** sit quietly.（あなたはただ黙って座っているだけでいいです。）

B　必要性を表す助言

4. You**'d better** stop using your smartphone before going to bed.
（寝る前に携帯電話を使うのをやめた方が良い。）

5. I think people **should［ought to］** reply to emails quickly.
（私はメールには早く返事をすべきだと思う。）

6. We **should not［ought not to］** spend a lot of time checking social media.
（ソーシャルメディアを確認するのに多くの時間を費やすべきではない。）

解説

had better *do*

4. **had better *do*** は「**〜しなさい**」「**〜するのがよい**」という意味で，**命令・忠告**を表す。短縮形で使われることも多い。否定形は **had better not *do*** となる。

《注意》You を主語にすると命令口調になり無礼な響きを持つことがある。親しい人以外に対しては，It would be better (for you) to *do*「〜したほうがよい」などの丁寧な表現を使う。

⇨ **It would be better for you to** have a break.（休んだほうがいいですよ。）

should *do* / ought to *do*

5. **should** は「**〜すべきだ，〜した方がよい**」という意味で，**義務・助言**を表す。must のような強制的な意味合いはない。ought to *do* もほぼ同じ意味で用いられるが，やや堅い表現。

should not *do* / ought not to *do*

6. **should not *do* / ought not to *do*** で「**〜すべきでない，〜しない方がよい**」という意味。ought to *do* の否定形は **ought not to *do*** となるので注意。

C　推量

7. Using smartphones **could** affect our sleep.
（携帯電話を使うことは睡眠に影響を与える可能性がある。）

8. Social media **may** cause loneliness.
（ソーシャルメディアは孤独をもたらすかもしれない。）

9. Social media **might** be useful to get the latest information.
(ソーシャルメディアは最新の情報を得るのに役立つかもしれない。)

解説

推量を表す助動詞

助動詞の機能は**話し手の気持ち**を表すことである。He is a painter.(彼は画家です。)は**客観的な事実**を述べているが，助動詞を用いると，He may be a painter.(彼は画家かもしれない。)や He must be a painter.(彼は画家に違いない。)のように，**話し手の個人的な推量**を述べることができる。推量の確信の度合いは must ＞ will ＞ would ＞ should / ought to ＞ can ＞ may ＞ might / could の順に低くなる。

must

must は「**～に違いない**」という**確信**を表す。「(周りの状況から判断すると)間違いなく～だ」という断定的な推量を表す。

《注意》 must(～に違いない)の反意表現は can't / cannot(～のはずがない)。

He **must** be tired.(彼は疲れているに違いありません。)

⇔ He **can't** be tired.(彼は疲れているはずがありません。)

➕ must に続く動詞が動作を表す意味を持つ場合は「義務・必要」を，状態を表す意味を持つ場合は「確信」を表すことが多い。

⇨ You **must** *keep* the secret.(君は秘密を守らなければならない。)［義務］

⇨ You **must** *be* tired after a long journey.(長旅の後でさぞお疲れでしょう。)［確信］

should / ought to

should / ought to は「**～のはずだ，～するはずだ**」という**推量**を表す。話し手が「そうあるべきだ［そうあってほしい］」と期待することについての推量。must や will よりも確信度は低い。

⇨ It **should** be very cold in winter in Moscow.(モスクワの冬はきっと非常に寒いはずです。)

can / could

7. **can / could** は「**～はあり得る**」という**可能性**を表す。could のほうが確信度は低い。could は過去形だが**現在**のことを表すことに注意。

can't / couldn't は「～のはずがない」という**不可能性**を表す。couldn't のほうが確信度は低い。

⇨ Jack's story **can't** be true.(ジャックの話は本当であるはずがないです。)

may / might

8. 9. **may / might** は「～かもしれない」という意味で，**現在の推量**を表す。否定形の may[might] not は「～ではないかもしれない」という**否定の推量**を表す。確信度が低い推量には might を用いる。might は過去形だが**現在**のことを表すことに注意。

➕ **〈may / might have ＋過去分詞〉**は「**～したかもしれない，～だったかもしれない**」と過去のことについての現在の推量を表す。

⇨ I **may**[**might**] **have left** the key at home.(私は家に鍵を置き忘れたのかもしれません。)

■**「過去」を表さない助動詞の過去形**

助動詞の過去形は必ずしも過去の出来事を表すわけではない。形は「過去」だが現在の意味を表す場合も多い(⇒ Lesson 9 仮定法)。

●「推量」の表現で could，might，would を使うと，**確信度が低い，控えめな推**

量になる。
⇨ He **may** be at home.（彼は家にいるかもしれない。）
⇨ He **might** be at home.（ひょっとすると，彼は家にいるかもしれない。）
● 「依頼」の表現で could, would を使うと，**丁寧な言い方**になる。
⇨ **Can**[**Will**] you open the door?（ドアを開けてくれますか。）
⇨ **Could**[**Would**] you open the door?（ドアを開けていただけますか。）

D 助動詞＋ have ＋過去分詞

10. I **should have checked** the email address before sending.
（送信する前にメールアドレスを確認するべきだった。）

11. She **might have sent** the message to the wrong person.
（彼女は間違った人にメッセージを送ってしまったかもしれない。）

解説

〈should / ought to have ＋過去分詞〉

10. **〈should / ought to have ＋過去分詞〉**は**「～すべきだったのに(しなかった)」**という**過去の行為についての非難・後悔**を表す。主語が I と we のときは**後悔**を，それ以外のときは**非難**の気持ちを表すことが多い。
《注意》否定文は「～すべきではなかったのに(した)」の意味になる。
⇨ They **should** **not** **have bought** that house.
➡ They **ought** **not** **to have bought** that house.
（彼らはあの家を買うべきではなかったのに(買った)。）

〈may / might have ＋過去分詞〉

11. **〈may / might have ＋過去分詞〉**は**「～したかもしれない，～だったかもしれない」**と**過去のことについての現在の推量**を表す。might のほうが確信度は低い。
「～しなかったかもしれない，～でなかったかもしれない」は，**〈may / might not have ＋過去分詞〉**で表す。
⇨ He **might not have known** about it.
（ひょっとすると彼はそのことを知らなかったのかもしれません。）

〈must have ＋過去分詞〉

〈must have ＋過去分詞〉は**「～したに違いない，～だったに違いない」**という意味で，**過去のことについての現在の確信**を表す。
⇨ Someone **must have taken** my umbrella by mistake.
（誰かが間違えて私の傘を持って行ったに違いありません。）

〈can't / couldn't have ＋過去分詞〉

〈can't / couldn't have ＋過去分詞〉の形で，**「～したはずがない，～だったはずがない」**という意味で，**過去のことについての現在の推量**を表す。couldn't の方が確信度が低い。
⇨ She **can't[couldn't] have made** such a mistake.
（彼女がそんな間違いをしたはずがありません。）

Try it out!

1 **選択肢の中から適切な語句を選び，英文を完成させましょう。**

!ヒント ➡EB1,4,7,10,11

1. ・「～すべきだったのに(しなかった)」という過去の行為についての非難を表すには〈should / ought to have ＋過去分詞〉を使う。
・「彼はまた遅刻した。オンラインで更新した予定をチェックするべきだったのに。」

2. ・「～したかもしれない，～だったかもしれない」と過去のことについての現在の推量を表すには〈may / might have ＋過去分詞〉を使う。might の方が確信度は低い。
・「私のスマートフォンが見つからない。電車に置き忘れたのかもしれない。」

3. ・「～してはいけない」と強い禁止を表すには must not を使う。must は「～しなければならない」という義務・必要を表す。「(話し手が主観的に)～しなければならない」と感じている場合に使われる。
・「あなたの SNS アカウントのパスワードについて誰にも言ってはいけない。」

4. ・「～はあり得る」という可能性を表すには can / could を使う。could のほうが確信度は低い。could は過去形だが現在のことを表すことに注意。
・「私たちが適切に使用すれば，スマートフォンはよい学習の道具となる可能性がある。」

5. ・「～しなさい」「～するのがよい」という命令・忠告を表すには had better *do* を使う。短縮形で表すことも多い。
・「不必要なトラブルを避けるために，私たちは投稿に注意したほうがよい。」

語句と語法のガイド

updated [ʌ̀pdéɪtɪd]	形 更新した，最新の ▶ update 動 ～を更新する
schedule [skédʒuːl]	名 予定，スケジュール
online [ɔ́ːnlaɪn]	副 オンラインで ▶ 形 オンラインの
password [pǽswəːrd]	名 パスワード
account [əkáunt]	名 アカウント
tool [tuːl] 発音	名 道具
properly [prɑ́(ː)pərli] アクセント	副 適切に ▶ proper 形 適切な
unnecessary [ʌnnésəsèri]	形 不必要な ▶ 反 necessary 形 必要な

練習問題① **選択肢の中から適切な語句を選び，英文を完成させましょう。**

1. She's going to be late because the train stopped for an hour. She _________ taken an earlier train.
2. He can't log in to the website. He _________ forgotten his password.
3. You _________ upload the phone number, email address or any other contact details of any other person.
4. LINE _________ be a good communication tool if it is used properly.
5. We _________ save data to a memory card or a USB memory stick before we turn off the computer.

could / had better / might have / must not / should have

2　あなたはクラスメートと適切な SNS の使い方について話しています。下線部の語句を言いかえて自分の意見を伝え合いましょう。助動詞 must, have to, should, could, had better を使っても構いません。答えるときは理由や詳細を加えてみよう。

（！ヒント）　➡EB ⒶⒷⒸ

must, have to, should, could, had better など，適切な助動詞を用いるように注意する。

A: I made my own social media account. What can I do to avoid trouble?
（私は自分の SNS アカウントを作りました。トラブルを避けるために，私に何ができるでしょうか。）

B: (例) You **should** be careful with your pictures. They may contain private information.
（あなたは自分の写真に注意するべきです。それらには個人情報が含まれているかもしれません。）

A: What should I do to keep a good relationship with my social media friends?
（SNS の友達とよい関係を保つために，私はどうするべきですか。）

B: (例) You **must not** use offensive language. You may hurt your friends' feelings.
（あなたは攻撃的な言葉を使ってはいけません。友達の感情を傷つけるかもしれません。）

語句と語法のガイド

contain [kəntéɪn]　動 ～を含む

relationship [rɪléɪʃənʃɪ̀p]　名 関係

offensive [əfénsɪv]　アクセント　形 攻撃的な，不快な　▶ offend 動 ～の気分を害する

（解答例）

A: I made my own social media account. What can I do to avoid trouble?
（私は自分の SNS アカウントを作りました。トラブルを避けるために，私に何ができるでしょうか。）

B: You have to make your password as strong as possible. It must not include your personal information, such as your name, birthday, and address.
（あなたはパスワードをできるだけ強くしなければいけません。それには自分の名前，誕生日，住所のような個人情報が含まれていてはいけません。）

A: What should I do to keep a good relationship with my social media friends?
（SNS の友達とよい関係を保つために，私はどうするべきですか。）

B: You should think twice before you share something like pictures with them. What you want to share may cause trouble in your relationship.
（写真のようなものを彼らと共有する前に，あなたはよく考えるべきです。あなたが共有したいものがあなたたちの関係に問題を引き起こすかもしれません。）

3　あなたは，SNS 上で起こる問題とその主な原因についてクラスで話しています。表の中で，高校生が最も気を付けるべきだと思うものはどれですか。また，その問題を避けるために何ができますか。助動詞 must, have to, should, had better などを使って，クラスメートと考えや意見を伝え合いましょう。

（！ヒント）　➡EB ⒶⒷⒸ

・高校生が最も気を付けるべきことは，I think ～ is the most important thing for high school students. などと述べることができる。
・問題を避けるためにできることやするべきことは，must，have to，should，had better など，適切な助動詞を使って表せばよい。

Problems（問題）	Major cause（主な原因）
Flaming （炎上）	Social media posts with inappropriate information （不適切な情報を含む SNS 投稿）
Information leaks （情報漏洩）	Social media posts with personal information （個人情報を含む SNS 投稿）
Stalking （ストーカー行為）	Telling where you are on social media （SNS であなたの所在を伝えること）
Hacking （ハッキング）	Overuse of simple passwords（単純なパスワードの過度の使用）

（例）
I think protecting privacy is the most important thing for high school students. This is because we usually share our pictures on social media. I think we **must** check if our posts include personal information. They **must not** contain information we don't want to share, such as our home address.
（プライバシーを保護することが高校生にとって最も重要だと思います。これは私たちがたいてい SNS で自分たちの写真を共有するからです。私たちは自分たちの投稿に個人情報が含まれていないかどうかチェックしなければいけないと思います。それらに自宅の住所のような私たちが共有したくない情報が含まれていてはいけません。）

語句と語法のガイド

flaming [fléɪmɪŋ] 名 炎上 ▶ flame 動（ネット上で）ののしる
inappropriate [ìnəpróʊpriət] アクセント 形 不適切な ▶ 反 appropriate 形 適切な
leak [li:k] 名 漏洩，流出 ▶ 動 漏れる
stalking [stɔ́:kɪŋ] 発音 名 ストーカー行為 ▶ stalk 動 ～にしつこく近づく
hacking [hǽkɪŋ] 名 ハッキング ▶ hack 動 不法に侵入する
overuse [òʊvərjú:s] 名 使いすぎ ▶ [òʊvərjú:z] 動 ～を使いすぎる

解答例
I think it is most important for us to avoid overusing simple passwords. This is because it can help protect us against hackers or other privacy invasions. I think we **must** use different passwords for different accounts. In addition, we **have to** make passwords that are hard to guess and change them more often.
（私たちが単純なパスワードを使いすぎることを避けることが最も重要だと思います。そうすることは私たちをハッカーや他のプライバシー侵害から保護する助けとなるからです。私たちは異なるアカウントには異なるパスワードを使わなければいけないと思います。さらに，私たちは推測しづらいパスワードを作り，より頻繁に変更しなければいけません。）

Expressing

STEP 1

問題文の訳

それぞれの人物の話を聞きなさい。下のボックスの中から，彼らの SNS についての意見(1 ～ 3)と彼らがどのように SNS を使っているか(a ～ c)を合致させなさい。

！ヒント

それぞれの人物の SNS についての意見と使い方を聞き取る。

1. Like(好き)

2. Dislike(嫌い)

3. Neither(好きでも嫌いでもない)

a. Not using social media(SNS を使っていない)

b. Talking with friends(友達と話している)

c. Posting photos(写真を投稿している)

STEP 2

問題文の訳

あなたは高校生がどのように日常生活で SNS を使っているかについて調査しました。この調査の結果を分析しなさい。表から 3 つの使用の仕方を選び，それぞれの良い点と悪い点を書きなさい。

！ヒント

表から 3 つの使い方を選んで，良い点と悪い点を書く。

(例)・使い方：Chat / Send messages(チャットする／メッセージを送る)
・良い点：It is very convenient.(それはとても便利です。)
・悪い点：We receive too many messages.
(私たちはあまりにも多くのメッセージを受け取ります。)

解答例

①・使い方：Check the news(ニュースをチェックする)
・良い点：It is easy to know what is going on.
(何が起こっているかを知るのが簡単です。)
・悪い点：There is a risk of becoming addicted to social media.
(SNS 中毒になってしまう危険性があります。)

②・使い方：Watch videos / Listen to music(動画を見る／音楽を聞く)
・良い点：We can always enjoy watching them.
(私たちはいつもそれらを見ることを楽しめます。)
・悪い点：It is hard to stop watching them.
(それらを見るのをやめることが難しいです。)

③・使い方：Study(勉強する)
・良い点：We can study anytime, anywhere.
(私たちはいつでもどこでも勉強できます。)
・悪い点：There is too much information.(あまりにも多くの情報があります。)

STEP 3

問題文の訳

表から１つの使用の仕方を選び，良い点と悪い点の比較を書きなさい。あなたの考えを友達と共有しなさい。

！ヒント

・書き出しを，～ has both good and bad points. などとするとよい。
・in contrast（対照的に）といったつなぎの言葉を使って，良い点と悪い点を述べるとよい。
・can，could，might など，適切な助動詞を使うことに注意する。

（例）SNS を使ってメッセージを送ることには良い点と悪い点があります。それはとても便利です。ひとたび SNS で友達になれば，私たちは SNS でメッセージを交換できます。対照的に，私たちは忙しすぎてこれらのメッセージを読んだり返信したりすることができないかもしれません。簡単で便利なので，私たちの友達はあまりにも多くのメッセージを送ってくるかもしれません。

解答例

Checking the news using social media has both good and bad points. It is easy to know what is going on. We can also find a wide variety of news easily. In contrast, there is a risk of becoming addicted to social media. A lot of news is posted on social media every moment, so it could be hard for us to stop checking it.

（SNS を使ってニュースをチェックすることには良い点と悪い点があります。何が起こっているかを知るのが簡単です。私たちはまたさまざまなニュースを簡単に見つけられます。対照的に，SNS 中毒になってしまう危険性があります。多くのニュースが常時 SNS に投稿されるので，私たちがチェックするのをやめることは難しいかもしれません。）

Logic Focus

■パラグラフの構成

2つ以上のものを比較して，相違点や類似点を述べる。

(導入文)主題文の前にそのパラグラフの話題を導入する「導入文」がくることもある。ソーシャルメディアは私たちの生活の中で重要な役割を果たしている。

(主題文)生徒は，彼ら自身の生活をより楽しくするために，さまざまな方法でソーシャルメディアを使っているが，それぞれの方法には良い点も悪い点もある。

(支持文①)多くの生徒はメッセージのやり取りのために，ソーシャルメディアを使っている。彼らは，それがとても便利であるため，ソーシャルメディアの最も良い点だと考えている。対照的に，たくさんのメッセージを受信することがうっとうしいと感じる生徒もいる。

(支持文②)加えて，生徒は自分の友達が何をしているのかを常に知るためにソーシャルメディアを利用している。多くの生徒は友達の投稿を楽しんでいる一方，友達のグループに留まるために「いいね」や「高評価」を押したり，コメントしたりすることにプレッシャーを感じている。

(結論文)ソーシャルメディアはコミュニケーションの1つの形であり，以前よりも人々とつながりやすい。私たちはこれに気づき，時間をどのように使うべきかを慎重に選ぶべきである。

■比較のまとめ

Good point	対比	Bad point
生徒はメッセージのやり取りのために，SNSを使っている。それは便利である。	**in contrast** (対照的に)	たくさんのメッセージを受信することがうっとうしいと感じる生徒もいる。
生徒は友達の投稿を楽しんでいる。	**while** (一方では)	友達のグループに留まるために「いいね」を押したり，コメントしたりすることにプレッシャーを感じている生徒もいる。

Let's try

(問題文の訳)

SNSの使用について1つのパラグラフを書きなさい。

(！ヒント)

・ソーシャルメディアの1つ目の良い点を書き，つなぎの言葉 in contrast の後に1つ目の悪い点を書く。in contrast は副詞。

・in addition(さらに)の後に，ソーシャルメディアの2つ目の良い点と悪い点を書く。良い点と悪い点は，つなぎの言葉 while の前後に書く。while は接続詞。

(解答例)

The uses of social media

Social media plays an important role in Japanese students' lives. They use it in several ways to make their lives more fun, but social media has both good and bad points. It enables them to share their own opinions and thoughts with others. In contrast, their words could hurt others if they don't think carefully before they post them. In addition, they can make many friends more easily than before, while their personal information can be easily exposed to the public.

(ソーシャルメディアの使用

ソーシャルメディアは日本人生徒の生活の中で重要な役割を果たしている。彼らは自分たちの生活をより楽しくするために，さまざまな方法でそれを使っているが，ソーシャルメディアには良い点と悪い点がある。それ(ソーシャルメディア)のおかげで，彼らは他者と自分たち自身の意見や考えを共有できる。対照的に，もし彼らが自分たちの言葉を投稿する前に注意深く考えないと，それらは他者を傷つけることになるかもしれない。さらに，彼らは以前より簡単に多くの友達を作ることができる一方，彼らの個人情報は容易に流出する可能性がある。)

補充問題

1 (　　)内の語句を並べ替えて英文を完成させなさい。

1. (have / take / you / don't / off / to) your shoes here.
   ________________ your shoes here.
2. You (tell / had / not / better / to / this secret) anybody.
   You ________________ anybody.
3. (happen / could / any / at / an accident) time, so you must be careful.
   ________________ time, so you must be careful.
4. (be / can't / he / America / in). He has been working in Japan since last week.
   ________________. He has been working in Japan since last week.
5. Jane hasn't come yet. (have / must / missed / she / the train).
   Jane hasn't come yet. ________________.

2 日本語に合うように，下線部に適切な語句を補いなさい。3と4は，(　　)内の語を適切な形に変えて使うこと。

1. 私たちはバスを1時間以上待たなければなりませんでした。
   ________________ one hour.
2. あなたは正しいかもしれませんが，私は少し違った意見を持っています。
   ________________ a slightly different opinion.
3. 私は間違った答えを書いたかもしれません。(write)
   ________________ answer.
4. 試合がすでに始まりました。あなたはもっと早く家を出るべきだったのに。
   (leave)
   The game has already started. ________________ earlier.

3 あなたの友達の1人を紹介する60語程度の英文を，次の語句に続けて書きなさい。その友達とは知り合ってどれくらいか，その人のどんなところが好きかについて触れること。

I have known ________________
____
____
____

Build Up 2 主語と動詞の呼応・時制の一致

解説

1 主語と動詞の呼応

英語では，主語によって動詞の形が変わる。主語が下記のような場合は注意が必要である。

①見た目は複数形でも単数扱いする名詞

学問の名前，国名や機関名は，複数形で表されるものがあるが単数扱い。

学問の名前	□ mathematics(数学) □ politics(政治学) □ statistics(統計学) □ physics(物理学) □ economics(経済学)
国名	□ the United States(アメリカ合衆国) □ the Philippines(フィリピン)
機関名	□ the United Nations(国際連合)

②主語が後ろから修飾を受ける場合

動詞の形は直前の修飾語句ではなく，修飾されている主語そのものによって決まる。主語が後ろから修飾を受ける場合，主語と動詞が離れるので注意する。

1. The books on the desk **are** my father's.(机の上の本は父のものです。)
   S(複数) 修飾語句 主語の The books に合わせる

2. One of the main dish options **is** roast beef.(主菜の選択肢の1つはローストビーフです。)

③まとまりとしての時間・距離・金額

時間・距離・金額を，〈数詞＋複数名詞〉の形で「1つのまとまり」として認識する場合は単数扱いする。

1. Three hours **is** enough to finish my homework.(3時間あれば宿題を終えられる。)
2. Ten miles **is** equal to 16.1 kilometers.(10マイルは16.1kmに相当する。)

④either A or B など

either A or B, neither A nor B が主語になる場合，動詞は B の名詞と呼応させるのが原則。

1. Either you or John **is** wrong.(あなたかジョンのどちらかが間違っている。)
2. Neither you nor I **am** wrong.(あなたも私も間違っていない。)

主語	動詞
□ A or B(A または B) □ either A or B(A か B のどちらか) □ neither A nor B(A も B も〜ない)	B に合わせる
□ not only A but (also) B(A だけでなく B も) □ B as well as A(A だけでなく B も) □ not A but B(A ではなくて B)	B に合わせる
□ A and B(A と B) □ both A and B(A も B も)	複数扱い

《注意》「A だけでなく B も」あるいは「A ではなくて B」という文の場合，強調されるもの(B)を基準にする。特に B as well as A は間違えやすいので注意。

2 時制の一致

主節の動詞が過去形になると，それに合わせて従属節の動詞が**過去形**や**過去完了形**になることを時制の一致という。

(1) 現在形→過去形

I **think** (that) she **is** angry.(彼女は怒って**いる**と**思う**。)

I **thought** (that) she **was** angry.(彼女は怒って**いる**と**思った**。)

(2) 過去形→過去完了形

I **think** (that) she **was** angry.(彼女は怒って**いた**と**思う**。)

I **thought** (that) she **had been** angry.(彼女は怒って**いた**と**思った**。)

(3) will → would(過去形)

I **think** (that) she **will be** angry.(彼女は怒**る**と**思う**。)

I **thought** (that) she **would be** angry.(彼女は怒**る**と**思った**。)

時制の一致を行わない場合(時制の一致の例外)

時の流れに関係のない内容を述べる際には，主節の動詞が過去形になっても時制の一致を行わない。

①不変の真理・ことわざ(従属節の動詞は現在形のまま)

(a) The kids **know** light **travels** faster than sound.
(その子どもたちは光が音よりも速く伝わることを知っている。)

(b) The kids **knew** light **travels** faster than sound.
(その子どもたちは光が音よりも速く伝わることを知っていた。)

②現在の事実・習慣(従属節の動詞は現在形のまま)

(a) He **says** he **goes** to the gym twice a week.(週に2回ジムに通っていると彼は言っている。)

(b) He **said** he **goes** to the gym twice a week.(週に2回ジムに通っていると彼は言った。)

③ 歴史上の事実(従属節の動詞は過去形のまま)

(a) She **knows** the Second World War **ended** in 1945.
(彼女は第二次世界大戦が 1945 年に終わったことを知っている。)

(b) She **knew** the Second World War **ended** in 1945.
(彼女は第二次世界大戦が 1945 年に終わったことを知っていた。)

④その他

従属節の内容が発話時にもあてはまることを明示したい場合は，時制の一致を行わないこともある。

I **said** she **was/is** kind.(彼女は親切**である**と言った。)

Practice

1 (　　)内から適切なほうを選びなさい。

(!ヒント)

1. ・金額を〈数詞＋複数名詞〉の形で「1つのまとまり」として認識する場合は，単数扱いする。

・「500ドルはエレキギターを買うのに十分です。」

2. ・either A or B が主語になる場合，動詞は B の名詞と呼応させる。

・「あなたか私のどちらかがその会議に参加することになっています。」

3. ・時制の一致により，従属節の動詞は過去形になる。

・「私はジョンとエミリーがお互いを知っていると思いましたが，知り合いではありませんでした。」

語句と語法のガイド

electric [ɪléktrɪk]	形 電気的に音を増幅する ▶ electric guitar 熟 エレキギター
be supposed to *do*	熟 ～することになっている

(練習問題①) (　　)内から適切なほうを選びなさい。

1. There (was / were) only a few books on the shelf.
2. Social studies (was / were) my favorite subject in my school days.
3. Even ten yen (is / are) important to me.
4. The United States (is / are) a democratic country.
5. The girl talking with the English teachers (is / are) Kaori.

(練習問題②) (　　)内の動詞を必要があれば適切な形に変えなさい。

1. I didn't know that she (call) me an hour before.
2. The teacher always tells us that time (is) money.
3. I thought that Karen (stay) at home, but she didn't.
4. Did you know the sun (set) in the west when you were a child?
5. We learned that the light bulb (is) invented by Edison.

2 次の学問であなたの興味を引くものを選び，その理由などを話しましょう。

(!ヒント)

economics(経済学), genetics(遺伝学), linguistics(言語学), mathematics(数学), physics(物理学), politics(政治学), statistics(統計学)

(例) Economics interest**s** me very much. This is because I'm interested in how people decide to use money. I'd like to major in **it** in the future.(経済学は私に大変興味を起こさせます。これは私が人々がどのようにしてお金を使う決心をするかに興味を持っているからです。私は将来それを専攻したいと思います。)

(解答例)

Linguistics interest**s** me very much. This is because I'm interested in the structure and development of English. I'd like to major in **it** and study English scientifically in the future.(言語学は私に大変興味を起こさせます。これは私が英語の構造や発達に興味を持っているからです。私は将来それを専攻して英語を科学的に研究したいと思います。)

補充問題

1 **日本語に合うように，(　　)に適切な語を入れなさい。**

1. その調査は，市内の交通事故発生件数がこの3年間で減少したことを示しています。
   The research (　　　　) that the number of traffic accidents in our city (　　　　) decreased over the last three years.
2. 終えるべき宿題がたくさんありました。
   There (　　　　) a lot of (　　　　) to finish.
3. マイクか私のどちらかが明日その会議に出席します。
   Either Mike (　　　　) I (　　　　) going to attend the meeting tomorrow.
4. 私たちは，そのレストランが2か月前に店じまいしたことを教えられました。
   We were told that the restaurant (　　　　) (　　　　) closed down for two months.
5. ジェーンはピアノのレッスンを週に2回受けていると言いました。
   Jane (　　　　) she (　　　　) piano lessons twice a week.

2 **次の英文には間違いが1か所ずつ含まれています。該当する部分のみを訂正しなさい。**

1. Twenty thousand yen are enough to buy that camera.
   ________________ ⇒ ________________
2. All the students knew Mt. Everest was the highest mountain in the world.
   ________________ ⇒ ________________
3. I thought John will like the present from us.
   ________________ ⇒ ________________
4. Neither Jill nor I has to make a speech at the party.
   ________________ ⇒ ________________

3 **次の日本語を英文に直しなさい。ただし，(　　)内の語句を使うこと。**

1. この箱の中の手紙の何通かは英語で書かれています。(some)
   ____
2. 彼はその日の午後，サトシと会う予定だと言っていました。(be going to)
   ____
   ____
3. その少年は木星(Jupiter)が太陽系で最大の惑星であることを知っていました。
   (planet, the solar system)
   ____
   ____

Lesson 5 How does overusing energy affect us?

Topic Introduction

①There is a **strong** connection between our energy use and the environment. ②Thanks to electricity, we can live a **comfortable** life. ③However, there are signs that our planet has been damaged. ④When we create electricity, for example, we burn fossil fuels and produce carbon dioxide, which causes global warming. ⑤Therefore, overusing energy **generated by burning fossil fuels** can cause climate change.

①エネルギーの使用と環境は大いに関係がある。②電気のおかげで，私たちは快適な生活を送ることができる。③しかしながら，地球がダメージを受けているという兆候がある。④例えば，電気を作り出すとき，化石燃料を燃やし，二酸化炭素を排出する。そして，その二酸化炭素は地球温暖化を引き起こす。⑤したがって，化石燃料を燃やすことで生成されたエネルギーを過剰に使用することで，気候変動をもたらす可能性がある。

語句と語法のガイド

connection [kənékʃən]	名 関係 ▶ connect 動 ～をつなぐ
energy [énərdʒi] アクセント	名 エネルギー
thanks to ～	熟 ～のおかげで
electricity [ɪlèktrísəti] アクセント	名 電気 ▶ electric 形 電気の
comfortable [kʌ́mfərtəbl] アクセント	形 快適な ▶ 反 uncomfortable 形 不快な
sign [saɪn] 発音	名 兆候，きざし ▶掲示，合図，記号などの意味もある
fuel [fjú:əl]	名 燃料 ▶ fossil fuel 熟 化石燃料
dioxide [daɪɑ́(:)ksàɪd]	名 二酸化物 ▶ carbon dioxide 熟 二酸化炭素
global [glóʊbəl]	形 地球(規模)の ▶ global warming 熟 地球温暖化
therefore [ðéərfɔ̀:r]	副 したがって，それゆえに
overuse [òʊvərjú:z]	動 ～を使いすぎる ▶ [òʊvərjú:s] 名 使いすぎ
generate [dʒénərèɪt]	動 ～を生成する
climate [kláɪmət]	名 気候 ▶ climate change 熟 気候変動

解説

① **There is a strong connection between our energy use and the environment.**
形容詞 strong が名詞 connection を修飾。 EB4

② **Thanks to electricity, we can live a comfortable life.**
live a ～ life で「～な生活[人生]を送る」という意味。～には形容詞がくる。 EB4
(例) live a happy life(幸せな生活[人生]を送る)，live a wealthy life(裕福な生活[人生]を送る)，live a peaceful life(平穏な生活[人生]を送る)

③ **However, there are signs that our planet has been damaged.**
〈名詞＋ that 節〉は「～という…」という意味。that 節が前の名詞の内容をより具体的に説明している。

④ ..., **we burn fossil fuels and produce carbon dioxide, which causes global warming.**
which は関係代名詞の非限定用法。先行詞は carbon dioxide。

⑤ **..., [overusing energy generated by burning fossil fuels] can cause climate change.**

overusing は動名詞。文の主語は overusing ～ fuels。
generated は energy を修飾する過去分詞の形容詞的用法。 EB4

Listening Task

Circle T for True or F for False. (正しければT, 間違っていればFに○をつけなさい。)

(！ヒント)

1. エネルギーの使用と環境はあまり関係がないか。(→①)
2. 地球がダメージを受けているという兆候がないか。(→③)
3. 化石燃料を燃やすことで生成されたエネルギーを過剰に使用することで，気候変動をもたらす可能性があるか。(→⑤)

Example Bank

情報を加える(1)

A　形容詞・分詞・前置詞句による修飾

1. There is **growing** concern about climate change.(気候変動について懸念が高まっている。)
2. This country depends on **imported** oil.(この国は輸入された石油に頼っている。)
3. There are some scientists **studying new forms of energy**.
(新しい形のエネルギーを研究している科学者がいる。)
4. Global warming is a **serious** problem **caused by human activity**.
(地球温暖化は人間の行動によって引き起こされる深刻な問題だ。)
5. Japan is a country **with** few energy resources.(日本はエネルギー資源がほとんどない国だ。)

解説

形容詞

形容詞が名詞を直接修飾する用法を形容詞の**限定用法**と呼ぶ。名詞を前から修飾する場合と後ろから修飾する場合がある。

形容詞が 1 語の場合は**名詞の前**に置く。

⇨ That is a very **serious** problem.(それはとても深刻な問題です。)

形容詞の後ろに修飾語句を伴う場合は**名詞の後ろ**に置く。

⇨ We got on a train **full** of passengers.(私たちは乗客でいっぱいの列車に乗りました。)

something, anything, nothing のような -thing で終わる代名詞や -one, -body の付く代名詞の場合，形容詞は 1 語であっても**代名詞の後ろ**に置かれる。

⇨ I want to try something **new**.(私は何か新しいことを試みたいです。)

分詞の前置修飾

1. 2. 分詞が形容詞の働きをして名詞を修飾し，その意味を限定する用法(限定用法)で，修飾する分詞が 1 語の場合，普通は**名詞の前**に置かれる。この時，分詞と名詞との間に意味上の主語と動詞の関係がある。

growing concern → concern is growing(懸念が高まっている)［**能動**］
(concern = S′, is growing = V′)

imported oil → oil is imported(石油が輸入される)［**受動**］
(oil = S′, is imported = V′)

形容詞化した分詞

形容詞として用いられるようになった分詞を**分詞形容詞**と呼ぶ。感情に影響を与える他動詞は分詞形容詞になっているものが多い。

⇨ When the light turned green, he drove away with **surprising** speed.
(信号が青に変わると，彼の車は驚くべきスピードで走り去りました。)

➕ 分詞形容詞は，補語としても用いられる。

⇨ The game will be **exciting**.(その試合ははらはらするものになるでしょう。)

⇨ The fans in the train were **excited**.(その列車の中にいたファンは興奮していました。)

●感情を示す形容詞化した分詞

exciting / excited(興奮させる／興奮した)，boring / bored(退屈させる／退屈した)，pleasing / pleased(喜ばせる／喜んだ)，satisfying / satisfied(満足させる／満足した)，confusing / confused(混乱させる／混乱した)，disappointing / disappointed(失望させる／ 失望した)，surprising /surprised(驚くべき／驚いた)，amazing / amazed(驚嘆すべき／驚嘆した)，shocking / shocked(衝撃的な／ショックを受けた)，interesting / interested(興味深い／興味を持った)

➕ その他，形容詞化した分詞には次のようなものがある。

a used car(中古車)，a boiled egg(ゆで卵)，scrambled egg(スクランブルエッグ)，iced tea(アイスティー)，frozen food(冷凍食品)，fried chicken(フライドチキン)

分詞の後置修飾

3. 4. 分詞が目的語や補語や副詞句を伴い，2語以上の句(分詞句)である場合，分詞句は**名詞の後ろ**に置かれる。**3** の文では studying new forms of energy が直前の some scientists を，**4** の文では caused by human activity が直前の a serious problem を修飾している。修飾される名詞と修飾する分詞との間には意味上の主語と動詞の関係がある。

➡ **3.** There are some scientists *who* are studying new forms of energy.［**能動**］

➡ **4.** Global warming is a serious problem *which[that]* is caused by human activity.

このように関係代名詞を使って表すこともできる。［**受動**］

〈名詞＋前置詞句〉

5. 前置詞句や形容詞句など，修飾語句が2語以上になる場合，**名詞の後ろ**に置く。前置詞句 with few energy resources が，名詞 a country を後ろから修飾している。

⇨ I got a postcard with a photo of Mt. Fuji on it.(富士山の写真付きのはがきをもらいました。)
(with a photo of Mt. Fuji on it = 前置詞句)

⇨ Kyoto is a city famous for its shrines and temples.(京都は神社仏閣で有名な都市です。)
(famous for its shrines and temples = 形容詞句)

B 不定詞による修飾(形容詞用法)

6. We couldn't find evidence **to support our theory**.
(私たちの理論を支える証拠が見つけられなかった。)

7. We have a lot of work **to do** to solve environmental problems.
(環境問題を解決するためにするべき仕事がたくさんある。)

8. There are a variety of matters **to be discussed** at the next conference on forest destruction.(次の森林破壊に関する会議で話し合われるべきさまざまな問題がある。)

9. They made an attempt **to reduce the amount of plastic use**.
(彼らはプラスチックの使用量を減らそうとした。)

解説

不定詞の形容詞的用法

不定詞を含む語句が直前の名詞や代名詞を後ろから修飾し,「**〜する…**」「**〜すべき…**」「**〜するための…**」という意味を表すことがある。このような用法を不定詞の**形容詞的用法**と呼ぶ。

名詞が不定詞の主語の働きをする

⇨ He was the first person **to reach** the North Pole.(彼は北極に到達した最初の人でした。)
不定詞[**主語と動詞の関係**]

6. to support 〜は名詞 evidence を修飾している。ここでは evidence が不定詞の意味上の主語になっている。
evidence **to support** our theory
不定詞[evidence supports our theory という**主語と動詞の関係**]
関係代名詞を使って次のように表すことができる。
➡ We couldn't find evidence *which[that]* supported our theory.

8. to be discussed は不定詞の受動態。
a variety of matters **to be discussed**
不定詞[a variety of matters should be discussed という**主語と動詞の関係**]

名詞が不定詞の目的語の働きをする

7. to do 〜は名詞 a lot of work を修飾している。ここでは a lot of work が不定詞の目的語の働きをしている。
a lot of work to do
不定詞[do a lot of work という**動詞と目的語の関係**]

➕ 形容詞的用法でも不定詞の意味上の主語を〈for +(代)名詞〉の形で不定詞の前に置くことができる。
⇨ There are a lot of tasks for *me* to do today.
(今日,私がやるべき作業がたくさんあります。)

名詞が前置詞の目的語の働きをする

to talk about が anything を後ろから修飾している。anything は前置詞 about の目的語の働きをしており,不定詞の後の about は省略できない。

前置詞 about の目的語

⇨ I don't have anything special to talk about.(特にお話しすることはありません。)
［talk about anything special という**前置詞とその目的語の関係**］

《注意》表す内容によって前置詞が異なる。

⇨ Bring something to write with.(何か〔それで＝with〕書くものを持ってきて。)
write with a pencil(鉛筆で書く)

⇨ Bring something to write on.(何か〔その上に＝on〕書くものを持ってきて。)
write on a piece of paper(紙［の上］に書く)

不定詞が直前の名詞の内容を説明する

9. to reduce ～は an attempt の具体的な内容を説明している。不定詞と直前の名詞のこのような関係は**同格の関係**と呼ばれる。

an attempt ＝ to reduce the amount of plastic use［**同格の関係**］

➕ 不定詞と同格の関係で使われる名詞は限定されており，attempt(試み)，chance[opportunity](機会)，decision[determination](決心，決意)，plan(計画)，tendency(傾向)，wish(願望)，ability(能力)，curiosity(好奇心)，freedom(自由)，time(時間)，way(方法)，right(権利)などがある。

⇨ I didn't have enough *time* **to eat**.(食事をする十分な時間がありませんでした。)

⇨ My *plans* **to travel** in Europe were canceled.(私のヨーロッパ旅行の計画が中止になりました。)

⇨ You have the *freedom* **to act** as you like.(あなたには好きなように行動する自由があります。)

同格を表す of

⇨ I've given up on the idea **of** visiting my friend in Hokkaido this summer.(この夏に北海道の友人を訪ねるという考えはあきらめました。)

of visiting my friend ～は the idea を修飾している。この前置詞 of は**同格の of** と呼ばれ，ここでは the idea の内容を説明している。

名詞を説明する接続詞の that

⇨ The news **that** Julia would come back from Spain delighted her parents.
(ジュリアがスペインから帰ってくるという知らせに彼女の両親は喜びました。)

that 節が the news の内容を説明している。この接続詞 that を**同格の that** と呼ぶ。

➕ 同格の that を使うことができる名詞には，fact(事実)，news(知らせ，ニュース)，report(報告)，idea(考え)，opinion(意見)，suggestion(提案)，decision(決定)，conclusion(結論)，hope(希望)，expectation(期待)などがある。

Try it out!

1 (　　)内から適切な語句を選んで，文を完成させましょう。

！ヒント ➡ **EB1,5,8,9**

1. ・shock は「～に衝撃を与える」という意味の動詞である。現在分詞と過去分詞のどちらを用いるかを考える。

・「それはエネルギー資源を輸入している国にとって衝撃的なニュースでした。」

2. ・discuss は「～を議論する」という意味の動詞である。直前の many problems をどのように修飾するかを考える。

・「地球温暖化となると，議論されるべきたくさんの問題があります。」

3. ・a chance to *do* で「～する機会」という意味。

・「その研究所には新しい科学技術を試す機会がありました。」

4. ・前置詞句が a book を修飾している。

・on には about と同様に「～について」という意味がある。

・「私たちは水質汚染についての本を読みました。」

語句と語法のガイド

import [ɪmpɔ́:rt] アクセント	動 ～を輸入する ▶ [ímpɔ:rt] 名 輸入
resource [rí:sɔ:rs]	名〔普通は複数形で〕資源
when it comes to ～	熟 ～のことになると，～に関して言えば
institute [ínstɪtjù:t] アクセント	名 研究所
technology [tekná(:)lədʒi]	名 科学技術 ▶ technological 形 科学技術の
pollution [pəlú:ʃən]	名 汚染，公害 ▶ pollute 動 ～を汚染する

練習問題① (　　)内から適切な語句を選んで，文を完成させましょう。

1. That was a (surprising / surprised) report to countries depending on foreign countries.
2. The next thing (to be considered / considering) is plastic use.
3. I had a lot of chances to (use / be used) eco-friendly shopping bags.
4. The professor made a speech (with / on) the destruction of nature.

練習問題② **日本語に合うように，(　　)内の語句を並べ替えて英文を完成させましょう。下線部の語は必要ならば適切な形に変えよう。**

1. 彼らは風に揺れている旗を見上げた。
   They looked up at (in / wave / wind / flag / the / the).
2. 今年の夏に北海道へ行くというあなたの考えはおもしろそうだね。
   (to / of / go / idea / summer / Hokkaido / your / this) sounds interesting.
3. これらはあの少女によって書かれた物語です。
   These are (by / girl / write / that / the stories).
4. 彼らは優勝するという機会を逃してしまった。
   They missed a (championship / chance / the / to / win).

2 **あなたはクラスで環境問題について話しています。下線部にそれぞれの主張の理由や具体例を入れて，クラスメートと伝え合いましょう。[　　]内の表現を使っても構いません。**

！ヒント　➡ EB Ⓐ Ⓑ

・because の後には〈主語＋動詞〉の節が続くことに注意する。

・[　　]内の表現には分詞や不定詞の形容詞的用法が使われていることを確認する。

1. We need to develop ways to have enough clean water because (例)there still isn't **enough** water **to drink** globally.(まだ地球全体として十分な飲み水がないので，私たちはきれいな水を十分に確保するための方法を開発する必要があります。)
   [**enough** water **to drink**]（十分な飲み水）
2. We must find a good way to keep air clean because ～(～ので，私たちは空気をきれいに保つためのよい方法を見つけなければなりません。)
   [**contaminated** air]（汚染された大気）
3. In Japan, electricity is mainly generated by burning natural resources such as fossil fuels, but we should find other ways to create electricity because ～(日本では，電気は主に化石燃料のような天然資源を燃やすことで生成されますが，～ので，私たちは電気を作り出す他の方法を見つけるべきです。)
   [natural resources **to support our life**]（私たちの生活を支えるための天然資源）
4. Global warming will affect our eating habits. For example, I'm worried that we might not be able to eat rice every day in the future because ～(地球温暖化は私たちの食習慣に影響を与えるでしょう。例えば，～ので，将来，私たちは毎日お米を食べることができなくなるかもしれないと心配しています。)
   [farmers **growing it**]（それを育てている農家）

語句と語法のガイド

develop [dɪvéləp]	動 ～を開発する ▶ development 名 開発
globally [glóʊbəli]	副 地球全体に，全世界的に ▶ global 形 地球(規模)の
contaminate [kəntǽmɪnèɪt] アクセント	動 ～を汚染する ▶ contamination 名 汚染
mainly [méɪnli]	副 主に ▶ main 形 主な
natural [nǽtʃərəl]	形 自然の ▶ natural resources 熟 天然資源
such as ～	熟 ～のような
create [kri(ː)éɪt]	動 ～を作り出す ▶ creative 形 創造的な
support [səpɔ́ːrt]	動 ～を支える ▶ 名 支持，援助
affect [əfékt]	動 ～に影響を与える
habit [hǽbɪt]	名 習慣 ▶ eating habit 熟 食習慣

解答例

1. We need to develop ways to have enough clean water because some countries suffer from a serious shortage of drinking water.(深刻な飲み水の不足に苦しんでいる国もあるので，私たちはきれいな水を十分に確保するための方法を開発する必要があります。)
2. We must find a good way to keep air clean because air pollution is getting worse in many countries.(大気汚染は多くの国で悪化しているので，私たちは空気をきれいに保つためのよい方法をみつけなければなりません。)
3. In Japan, electricity is mainly generated by burning natural resources such as fossil fuels, but we should find other ways to create electricity because the earth has a limited amount of resources.(日本では，電気は主に化石燃料のような天然資源を燃やすことで生成されますが，地球の資源の量には限りがあるので，私たちは電気を作り出す他の方法を見つけるべきです。)

4. Global warming will affect our eating habits. For example, I'm worried that we might not be able to eat rice every day in the future because we could have a poor crop of rice due to climate change caused by global warming.
(地球温暖化は私たちの食習慣に影響を与えるでしょう。例えば，地球温暖化によって引き起こされる気候変動のせいでコメが不作になる可能性があるので，将来，私たちは毎日お米を食べることができなくなるかもしれないと心配しています。)

3 あなたは友だちと電力消費について議論しています。グラフからわかることを日本に焦点を当てて言ってみましょう。また，読み取った内容について，自分の考えを述べてみよう。

！ヒント →EB ⒶⒷ

日本に焦点を当てて，グラフからわかることを述べる。さらに，自分の考えを述べる。
Electricity consumption per person in 2017(2017 年の 1 人当たりの電力消費量)
Primary energy self-sufficiency in 2017(2017 年の 1 次エネルギー自給率)
(例)
Japan is a country **consuming more energy than average,** but it doesn't have **enough** resources **to produce energy** itself. We must save as much energy as possible.(日本は平均よりも多くエネルギーを消費している国ですが，自国でエネルギーを生み出す十分な資源がありません。私たちはできるだけ多くのエネルギーを節約しなければなりません。)

語句と語法のガイド

consumption [kənsʌ́mpʃən]	名 消費 ▶ consume [kənsjúːm] 動 ～を消費する
per person	熟 1 人当たり ▶ per 前 ～につき
primary [práɪmèri]	形 第 1 の，主要な ▶ primary energy 熟 1 次エネルギー
self-sufficiency [selfsəfíʃənsi] アクセント	名 自給自足 ▶ self-sufficient 形 自給できる
average [ǽvərɪdʒ] 発音	名 平均

解答例

In Japan, electricity consumption per person is larger than in the U.K. and Germany. However, Japan is only 9.6% self-sufficient in primary energy, while the U.K. is 68.2% and Germany is 36.9% self-sufficient. I think we should use this limited energy more carefully in Japan.(日本では，1 人当たりの電力消費量が英国やドイツよりも多いです。しかし，1 次エネルギー自給率は日本はたったの 9.6%ですが，英国では 68.2%，ドイツでは 36.9%です。日本はこの限られたエネルギーをもっと慎重に使うべきだと思います。)

Expressing

STEP 1

問題文の訳 それぞれの人物が話している環境問題の結果と解決策を聞きなさい。そして，人物と環境問題を組み合わせなさい。

！ヒント それぞれの人物の話す環境問題について聞き取る。

a. water pollution(水質汚染)　b. climate change(気候変動)
c. deforestation(森林破壊)　d. air pollution(大気汚染)

STEP 2

問題文の訳 それぞれの環境問題の主な原因と結果を考えなさい。同じ選択肢を2度以上使ってもよい。

! ヒント deforestation(森林破壊), climate change(気候変動), air pollution(大気汚染)について，原因と結果を埋める。

Causes(原因)

1. vehicle exhaust containing harmful gases(有害ガスを含む車両の排気ガス)
2. pollution from industrial plants and factories(工業施設や工場からの汚染)
3. cutting down trees for human use(人間が使用するため木を伐採すること)
4. burning fossil fuels to create electricity(電気を作り出すために化石燃料を燃やすこと)
5. rise in temperature making land dry(土地を乾燥させる気温の上昇)
6. decrease in plants, which absorb CO_2(二酸化炭素を吸収する植物の減少)

Effects(結果)

a. accelerated global warming(加速された地球温暖化)
b. damage to lungs and other health concerns such as heart problems(肺の損傷や心臓障害のような他の健康問題)
c. the large-scale extinction of animals(大規模な動物の絶滅)
d. harmful effects on the water we drink(私たちが飲む水への有害な影響)
e. the sea level rises(海面の上昇)
f. damage to the ecosystem(生態系への被害)

STEP 3

問題文の訳 ペアで行いなさい。上の表を見て，順番に次の質問をしなさい。

! ヒント

A: Which environmental problem are you most concerned about?
(あなたはどの環境問題について一番心配していますか。)
B: I think air pollution is the biggest problem.(私は大気汚染が一番の問題だと思います。)
A: What are the major causes?(主な原因は何ですか。)
B: There are many causes, such as pollution from industrial plants and factories.(工業施設や工場からの汚染のような多くの原因があります。)
A: What are some effects of air pollution?(大気汚染の影響とはどんなものですか。)
B: It has accelerated global warming.(それは地球温暖化を加速させています。)

解答例

A: Which environmental problem are you most concerned about?(あなたはどの環境問題について一番心配していますか。)
B: I think deforestation is the biggest problem.(私は森林破壊が一番の問題だと思います。)
A: What are the major causes?(主な原因は何ですか。)
B: There are many causes, such as agriculture and logging.
(農業や木材の伐採のような多くの原因があります。)
A: What are some effects of deforestation?(森林破壊の影響とはどんなものですか。)
B: It has caused serious damage to the ecosystem.
(それは生態系に深刻な損害を与えています。)

Logic Focus

■パラグラフの構成

主題文

Air pollution is becoming a serious problem.
(大気汚染は深刻な問題となりつつある。)

【大気汚染が引き起こす問題点①】

支持文①

原因

For one thing, it is caused by the exhaust from industrial plants and factories.
(1 つには，大気汚染は工場からの排出ガスによって引き起こされる。)

結果

As a result, the rise in greenhouse gases has accelerated global warming.
(その結果，温室効果ガスの増加は地球温暖化を加速させてきた。)

【大気汚染が引き起こす問題点②】

支持文②

原因

For another, vehicle exhaust fumes create harmful gases.
(もう 1 つには，内燃機関が有害な排気ガスを生み出している[車両の排気ガスが有害なガスを生み出している]。)

結果

These cause health concerns such as heart problems.
(これらのことが，心臓の病気などの健康問題を引き起こす。)

Let's try

問題文の訳　深刻な環境問題について 1 つのパラグラフを書きなさい。

！ヒント

支持文を，for one thing(1 つには)，for another(もう 1 つには)といった表現を使って書き始めるとよい。

解答例

A Serious Environmental Problem(深刻な環境問題)

主題文　Climate change has become a serious problem in recent years.
(近年，気候変動が深刻な問題になっています。)

支持文①

原因 For one thing, fossil fuels are burned to create electricity.
(1 つには，発電するために化石燃料が燃やされます。)

結果 As a result, it accelerates global warming.
(その結果，それは地球温暖化を加速させます。)

支持文②

原因 For another, rising temperatures make the land dry.
(もう 1 つには，気温が上昇することで陸地を乾燥させます。)

結果 It leads to the sea level rises.
(それが海面上昇を引き起こします。)

補充問題

1 日本語に合うように，(　　)内の語句を並べ替えて英文を完成させなさい。ただし，下線部の語は必要ならば適切な形に変えること。

1. 割れたガラスに注意しなさい。
(break / be / of / the / careful / glass).
________________________________.
2. 彼は私にそのニュースについて驚くべき事実を伝えました。
He (surprise / a / told / fact / me) about the news.
He ________________________ about the news.
3. 芝生の上で寝ている男性は私の兄です。
(lie / is / on / the man / the grass) my brother.
________________________ my brother.
4. 私はその美術館でピカソが描いた絵を数点見ました。
I (paint / saw / by / some / Picasso / pictures) in the museum.
I ________________________ in the museum.
5. 今日終わらせるべき仕事がたくさんあります。
There is (do / be / to / of / work / a lot) today.
There is ________________________ today.

2 日本語に合うように，下線部に適切な語句を補いなさい。ただし，2～4は to 不定詞を使うこと。

1. 長い髪の女性が彼に質問をしました。
A ________________________ him a question.
2. 私には，私が状況を理解するのを助けてくれる人が必要でした。
I ________________________ me understand the situation.
3. 何か冷たい飲み物はいかがですか。
Would you ________________________?
4. 私が将来，彼にもう一度会う機会はないかもしれません。
I may not have a ________________________ in the future.

3 これまでに参加したクラブ活動やほかの課外活動について，よかったと思うことを60語程度の英文で書きなさい。

____

____

____

____

Lesson 6 What are some differences?

Topic Introduction

①Travelers to foreign countries often discover cultural differences. ②For example, in the U.S., people are expected to tip after meals unlike in many Asian countries. ③Japan is a country **where** people take off their shoes inside the home unlike many Western countries. ④Each country has various customs **which** are important parts of their culture. ⑤When talking with people from other cultures, we should keep an open mind and respect each other.

①外国への旅行者は，しばしば文化の違いを発見する。②例えば，アメリカでは，アジア諸国とは違って食事の後にチップを払うことが期待されている。③日本は多くの西洋諸国とは異なり，人々が家の中で靴を脱ぐ国である。④それぞれの国が文化の重要な部分となるさまざまな習慣を持っている。⑤別の文化に属する人と話すときは，偏見のない心を持ち，お互いに尊重すべきだ。

語句と語法のガイド

discover [dɪskʌ́vər]	動 ～を発見する ▶ discovery 名 発見
tip [tɪp] 発音	動 チップを払う ▶ 名 チップ
unlike [ʌ̀nláɪk]	前 ～とは違って
various [véəriəs]	形 さまざまな ▶ variety 名 多様
custom [kʌ́stəm] 発音	名 慣習，習慣
keep an open mind	熟 常に広い心を持つ，先入観を持たない

解説

② **..., in the U.S., people are expected to tip after meals unlike in many Asian countries.**

be expected to *do* は「～することが期待されている」という意味の受動態。

③ **Japan is a country where people take off their shoes inside the home ....**

先行詞

where は関係副詞。EB5

④ **Each country has various customs which are important parts of their culture.**

先行詞

〈each ＋単数名詞〉の形で「それぞれの～」という意味を表し，単数扱い。

which は主格の関係代名詞。EB2

⑤ **When talking with people from other cultures, we should keep an open mind ....**

(we are)

when, while, if などの接続詞に導かれる副詞節では，主語が主節と同じ場合，〈主語＋ be 動詞〉が省略されることがある。

Listening Task

Circle T for True or F for False. (正しければT, 間違っていればFに○をつけなさい。)

!ヒント

1. 旅行者はしばしば彼らを驚かすような文化の違いを経験するか。(→①)
2. アジア諸国では，レストランの店員にチップを払うことが期待されているか。(→②)
3. 西洋人は，まさに日本人がするように，家の中で靴を脱ぐか。(→③)

Example Bank

情報を加える(2)

A 関係代名詞

1. In Singapore, people **who** throw trash on the road will be fined.
   (シンガポールでは，道にごみを捨てる人は罰金を課せられる。)
2. There are some countries **which** have several official languages.
   (公用語が複数ある国がある。)
3. Switzerland is a country **whose** natural beauty attracts many tourists.
   (スイスは自然の美しさが多くの観光客を魅了している国だ。)
4. **What** is famous about Japan is its manga culture.
   (日本について有名なのは漫画文化だ。)

解説

関係代名詞を使って情報を加える

関係代名詞は，直前の名詞(**先行詞**)と直後の節(**関係詞節**)をつなげる。関係代名詞は関係詞節の中で代名詞の働きをする。

主格の関係代名詞

関係代名詞が関係詞節の中で**主語**の働きをしている。先行詞が**人**の時は **who**，先行詞が**人以外**の時は **which** を用い，**that** はどちらの場合も使える。

1. ..., people who throw trash on the road will be fined.
   人 ↑ S′ V′ O′
2. ... some countries which have several official languages.
   人以外 ↑ S′ V′ O′

目的格の関係代名詞

関係代名詞が関係詞節の中で**目的語**の働きをしている。先行詞が人の時は **whom** か **who**(口語では who の方が多い)，人以外の時は **which** を用い，**that** はどちらの場合も使える。目的格の関係代名詞は省略されることが多い。

⇨ There are many countries (which[that]) I want to visit someday.
人以外 ↑ O′ S′ V′

(いつか訪れてみたい国がたくさんあります。)

所有格の関係代名詞

3. 先行詞が所有するものについて説明する際に，〈**whose +名詞**〉の形で使われる。先行詞が人か人以外かにかかわらず **whose** を用いる。

関係代名詞 that

先行詞に，**the first**, **the second**, **the only**, **the same**, **the +最上級**などが付き，決まった 1 つのものを指す場合，また，**all**，**every**，**any**，**no** などの「すべて」「まったく～

ない」を表す修飾語が付く場合は **that** が好んで用いられる。

前置詞の目的語になる関係代名詞

先行詞が前置詞の目的語の場合，関係代名詞は目的格を使う。前置詞が後ろに残る場合(→(1))と前置詞を関係代名詞の前に置く場合(→(2))がある。(1)の場合が多く，(2)の前置詞を前に置く形は文語的な表現。

(1) 関係代名詞を省略することも，that を用いて表すことも可能。

This is the book .　＋　I told you **about it**.

➡ This is the book (**which[that]**) I told you **about**.

(2) 関係代名詞を省略することはできない。また，that は使えない。

This is the book .　＋　I told you **about it**.

⇨ This is the book **about which** I told you.(これは私があなたに話した本です。)

関係代名詞 what

4. what は**先行詞を含んだ**関係代名詞で，先行詞なしで用いる。常に名詞節をつくり，普通，単数扱いとなる。次のように書きかえることもできる。

➡ **The thing that[which]** is famous about Japan is its manga culture.

what が導く節は，名詞節として，文中の主語や目的語，補語の働きをする。

⇨ I didn't hear **what** she said.(私は彼女が言ったことが聞こえませんでした。)
O

⇨ That's **what** I want to know.(それが私の知りたいことです。)
C

関係代名詞の非限定用法

非限定用法はコンマの前でいったん内容が完結し，続く関係代名詞節で追加の説明を加える。**that** にこの用法はない。

⇨ Tony lent me this book, **which** I found very touching.(トニーが私にこの本を貸してくれましたが，とても感動的でした。)

➡ Tony lent me this book, **and** I found **it** very touching.

非限定用法の which の注意すべき用法として，直前の節[文]全体，またはその一部を先行詞とするものがある。

⇨ She suddenly left the club, **which** surprised us.
節[文]全体が先行詞
(彼女が突然退部し，そのことは私たちを驚かせました。)

⇨ He said he was a lawyer, **which** wasn't true.
節[文]の一部が先行詞

(彼は弁護士だと言いましたが，それは本当ではありませんでした。)

複合関係代名詞

関係代名詞に -ever が付くと，「**～ならどんなものでも**」という意味を表し，**名詞節**を導く。これらは**複合関係代名詞**と呼ばれる。先行詞を含むことに注意。

複合関係代名詞	意味	主な書き換え
whoever	～する人は誰でも	anyone who ～
whichever	～するものはどれ[どちら]でも	any one that ～ either (one) that ～
whatever	～するものは何でも	anything that ～

⇨ You can order **whatever** you like. It's on me.
(何でも好きなものを注文していいですよ。私のおごりですから。)

⇨ We want to help **whoever** needs help.
(助けを必要としている人であれば誰でも助けたいと思います。)

➕ 複合関係代名詞が副詞節を導き,「～しようとも」と譲歩の意味を表す用法もある。

⇨ **Whichever** you choose, you'll be satisfied.
(どれを選んだとしても,満足していただけるでしょう。)

B 関係副詞

5. India is a country **where** a wide variety of religions and cultures can be found.
(インドは多種多様な宗教や文化が見られる国だ。)

6. In Japan, *Golden Week* is a time **when** many people travel.
(日本ではゴールデンウイークは多くの人が旅行をする時期だ。)

7. One reason **why** you should learn about local cultures is to make a trip more enjoyable.(地域の文化を学ぶべき1つの理由は旅をより楽しくすることだ。)

解説

関係副詞を使って情報を加える

関係副詞は,**先行詞**と**関係詞節**をつなげる。関係副詞は関係詞節の中で副詞の働きをする。

関係副詞 where

関係副詞の **where** は**場所**を表す先行詞を修飾する。

The hotel was wonderful. ＋ We stayed **there**[= at the hotel].

副詞 → 関係副詞

➡ The hotel **where** we stayed was wonderful.
(私たちが泊まったホテルはすばらしかったです。)

5. 先行詞(a country)を関係詞節(a wide variety of religions and cultures can be found)が修飾している。can be found in the country と言えるので,〈前置詞＋which〉で書きかえられる。

➡ India is a country **in which** a wide variety of religions and cultures can be found.

➕ 関係副詞の where は先行詞が省略されて用いられることもある。また,先行詞に place が使われる時は関係詞 where のほうを省略することもできる。

⇨ That's the place (**where**) the game will be held next year.
(そこが来年試合が開催される所です。)

関係副詞 when

関係副詞の **when** は**時**を表す先行詞を修飾する。

I remember the day . ＋ I first met you **then**[＝ on the day].
副詞
関係副詞
➡ I remember the day **when** I first met you.(私は初めてあなたに出会った日を覚えています。)

6. ここでは when 以下が a time を修飾している。

＋ 関係副詞の when は先行詞なしで用いられることもある。また，先行詞を残して，関係副詞 when を省略することもある。

⇨ Now is the time (**when**) you should start it.(今こそそれを始めるべきです。)

関係副詞 why

7. 関係副詞 **why** は reason を先行詞とし，**理由**を表す節を導く。

One reason is to make .... ＋ You should learn about local cultures **for the reason**.
副詞句
関係副詞
➡ One reason **why** you should learn about local cultures is to make ....

＋ That is the reason why ～(そういうわけで～)の意味で，先行詞のない That's why ～が用いられる。また，先行詞の the reason(s) を残して，why が省略されることもある。This is why ～(こういうわけで～)という形も使われる。

⇨ I had the flu. **That is why** I was absent last week.
原因　結果

(私はインフルエンザにかかっていました。それで先週休んでいました。)

《注意》This[That] is because ... は「これ[それ]は…だからです」という意味を表す。This[That] is why ... とは原因と結果が逆になることに注意。

⇨ I was absent last week. **That's because** I had the flu.
結果　原因

(先週，私は休んでいました。それはインフルエンザにかかっていたからです。)

関係副詞 how

関係副詞の **how** は先行詞なしで用いられ，関係詞節全体で「～する方法[やり方]」という意味の**名詞節**になる。**That's how ...**(そのようにして…)や **This is how ...**(このようにして…)という形で，事のなりゆきや方法を表すことが多い。

⇨ **That's how** the accident happened.(そのようにして事故は起こりました。)

関係副詞の非限定用法

関係副詞の where と when には**非限定用法**があり，先行詞に追加の説明を加える。where は「…，そしてその場所で～」など，when は「…，そしてその時～」などの意味を表す。why と how には非限定用法はない。

⇨ We stayed in Paris, **where** we met Tom.(私たちはパリに滞在し，そこでトムに出会いました。)

⇨ In 2008, **when** I lived in Tokyo, I met Maria.
(2008 年に私は東京に住んでいたのですが，その時マリアに出会いました。)

Try it out!

1 （　　）に語を入れて次の文を完成しましょう。

！ヒント ➡EB1,4,5,7

1. ・先行詞は People である。
   ・People eat a special kind of seafood. / They live in this area. の 2 文を 1 文にすると考える。
   ・「この地域に住む人々は特別な種類の魚介を食べます。」
2. ・先行詞は a traditional Japanese musical performance で，場所を表している。
   ・Kabuki is a traditional Japanese musical performance. / People wear makeup and dress in special costumes in Kabuki. の 2 文を 1 文にすると考える。
   ・「歌舞伎は，人々が化粧をして特別な衣装を身に着けている伝統的な日本の音楽劇の芸術表現です。」
3. ・先行詞は the reason である。「～する理由」という意味になるように，関係副詞を使う。
   ・「モアイ像が建てられた理由について意見の一致はありません。」
4. ・experience は動詞で，目的語が必要。先行詞を含む関係代名詞が目的語となる。
   ・「あなたは海外旅行をするときガイドブックに書かれていないことを経験するかもしれません。」

語句と語法のガイド

traditional [trədíʃənəl]	形 伝統的な ▶ tradition 名 伝統
agreement [əgríːmənt]	名 一致，同意 ▶ agree 動 同意する
statue [stǽtʃuː]	名 像

練習問題① （　　）に語を入れて次の文を完成しましょう。

1. This is important to people (　　　　) live abroad.
2. Noh is a traditional Japanese musical (　　　　) some actors wear masks called ‘Noh-men.’
3. There are good reasons (　　　　) this song is popular all over the world.
4. The book shows (　　　　) is helpful when you visit Japan.

練習問題② 下線部を先行詞として，適切な関係詞を用い，2 つの文を 1 文にしましょう。

1. That is the woman. Her daughter was on TV last night.
2. The man said Alice was out. He answered the phone.
3. The restaurant is near here. She often eats there.
4. He gave no reason. He left school early.
5. Last week, there was one day. We could see Mt. Fuji clearly from here then.

2 あなたはクラスメートと日本の文化について話しています。詳細を加えて会話を完成させましょう。ボックス内の表現を使っても構いません。また，下線部の語句を言いかえて会話を練習してみましょう。

!ヒント ➡EB Ⓐ Ⓑ

関係代名詞 who，which，whose や関係副詞 when の使い方に注意する。

1. A: Can you explain about a *katanakaji*?(刀鍛冶について説明してもらえますか。)
   B: It's a person **who** (例) makes and repairs Japanese swords.
   (日本刀を作ったり修理したりする人です。)
2. A: Which is the most famous temple in Japan?(日本で最も有名な寺はどれですか。)
   B: Well, I think it's *Horyuji*. It's a temple **which** ______
   (えーと，法隆寺だと思います。それは～した寺です。)
3. A: What do people do on New Year's Eve?(人々は大晦日に何をしますか。)
   B: It's a day **when** ______(それは～する日です。)
4. A: What does a *rakugoka* do?(落語家は何をしますか。)
   B: That's a person **whose** job is ______(それは～することが仕事の人です。)

tell funny stories(おもしろい話をする)
in the 7th century(7 世紀に)
ring the temple bells 108 times(寺の鐘を 108 回つく)

語句と語法のガイド

sword [sɔːrd] 発音 名 刀，剣

解答例

1. A: Can you explain about a *nakodo*?(仲人について説明してもらえますか。)
   B: It's a person who (例) tries to arrange marriages between two people.
   (2 人の縁談をまとめようとする人です。)
2. A: Which is the most famous lake in Japan?(日本で最も有名な湖はどれですか。)
   B: Well, I think it's Lake Biwa. It's a lake which was formed over 4 million years ago.(えーと，琵琶湖だと思います。400 万年以上前に形成された湖です。)
3. A: What do people do on the day of *Tanabata*?(人々は七夕の日に何をしますか。)
   B: It's a day when they write their wishes on colorful strips of paper called *tanzaku* and hang them on bamboo branches.
   (自分たちの願いごとを短冊と呼ばれる色付きの紙に書いて笹竹につるす日です。)
4. A: What does a *gyoji* do?(行司は何をしますか。)
   B: That's a person whose job is making sure that the rules are followed in professional sumo wrestling in Japan.
   (それは日本の大相撲において規則が守られていることを確認するのが仕事の人です。)

3 次の表はユネスコの世界遺産の数を国ごとに上位 5 位まで示したものです(2020 年現在)。[　　]の表現を使って，クラスメートに表の内容を説明しましょう。また，日本の世界遺産を 1 つ取り上げ，自分の言葉で伝え合ってみましょう。

!ヒント ➡EB Ⓐ Ⓑ

表の内容を説明する際，関係代名詞 that，what や関係副詞 where の使い方に注意する。

[... is a country **where** there are ..., ... is a country **that** has ..., **What** is remarkable about ... is ...]（…は～がある国だ，…は～を有する国だ，…について注目すべきなのは…だ）

ランク	国	数	例
1	Italy（イタリア）	55	Piazza del Duomo of Pisa（ピサのドゥオモ広場）, Historic Centre of Florence（フィレンツェ歴史地区）
1	China（中国）	55	The Great Wall（万里の長城）, The Historic Centre of Macao（マカオ歴史地区）
3	Spain（スペイン）	48	Historic Centre of Cordoba（コルドバ歴史地区）, Works of Antoni Gaudí（アントニ・ガウディの作品群）
4	Germany（ドイツ）	46	Aachen Cathedral（アーヘン大聖堂）, Cologne Cathedral（ケルン大聖堂）
5	France（フランス）	45	Mont-Saint-Michel and its Bay（モン・サン・ミシェルとその湾）, Palace and Park of Versailles（ヴェルサイユの宮殿と庭園）

（例）Italy is a country **that** has 55 World Heritage Sites including the Piazza del Duomo of Pisa, which is known for the Leaning Tower of Pisa.
The Hiroshima Peace Memorial is one of Japan's World Heritage Sites. It's the place **where** an atomic bomb was first dropped during the Second World War.（イタリアは，ピサの斜塔で有名なピサのドゥオモ広場を含めて，55 の世界遺産を有する国です。広島平和記念碑は日本の世界遺産のうちの 1 つです。それは第 2 次世界大戦中，原子爆弾が最初に落とされた場所です。）

語句と語法のガイド

historic [hɪstɔ́(ː)rɪk] アクセント 形 歴史的に有名な

centre [séntər] 名 中心地，拠点 ▶ = center, centre は《英》

cathedral [kəθíːdrəl] 発音 名 大聖堂

heritage [hérətɪdʒ] 名 遺産

site [saɪt] 名 場所 ▶ World Heritage Sites 熟 世界遺産

memorial [məmɔ́ːriəl] アクセント 名 記念碑，記念物

atomic bomb 熟 原子爆弾 ▶ bomb [bɑ(ː)m] 名 爆弾

解答例

China is a country that has 55 World Heritage Sites including the Great Wall, which is said to be the largest man-made construction in the world. Itsukushima Shrine is one of Japan's World Heritage Sites. The island where it is located is known as one of the three most famous scenic spots in Japan.
（中国は，世界で最も大きな人工建造物と言われている万里の長城を含めて，55 の世界遺産を有する国です。厳島神社は日本の世界遺産のうちの 1 つです。神社のある島は日本三景の 1 つとして知られています。）

Expressing

STEP 1

問題文の訳　対話を聞いて，下の質問に答えなさい。

！ヒント　次の質問に答えるために必要な情報を聞き取る。

1. What are they talking about?(彼らは何について話していますか。)
2. Which place did they think was the most popular?
   (彼らはどの場所が最も人気があると思っていましたか。)
3. What did they find on the internet?(彼らはインターネットで何を見つけましたか。)

STEP 2

問題文の訳　あなたは海外からの旅行者が日本で最も訪れる場所について知りたいと思っています。ネット上で探して，見つけた情報を書き留めなさい。

！ヒント　次の手がかりを参考に，ネット上の情報を書き留めるとよい。
ここに調べるべきいくつかの手がかりがあります：観光客にとって日本で人気のある場所，日本の観光客の数，日本でするべきおもしろいこと，観光客が日本を選ぶ理由

1. あなたが興味のある場所を 1 つ選びなさい。
2. その場所に関する情報　情報源[　　　　　　　　　　　　]

解答例

1. Choose one place you are interested in.(あなたが興味のある場所を 1 つ選びなさい。)
   Kyoto(京都)
2. Information about the place(その場所に関する情報)
   About 87.9 million people visited the prefecture in 2019.(2019年，約8,790万人が京都を訪れました。)
   Information source [Kyoto Prefectural Government] (情報源：京都府庁)

STEP 3

問題文の訳　**STEP 2** の情報を使って，あなたの調査について短い報告書を書きなさい。

！ヒント　情報源をきちんと示した上で報告書を書くようにする。

(例)東京は日本の首都で，何百万人もの観光客が毎年訪れます。日本観光統計によると，東京を訪れる海外旅行者の数は年間約 1,400 万人で，日本を訪れる人のほぼ半数がそこに行っています。東京はするべき，また，見るべきすばらしいものに満ちています。例えば，皇居や浅草寺は人気のある場所として上位を占めます。

解答例

Kyoto, which was the capital of Japan until 1869, is one of the most popular tourist destinations in the world today. According to the Kyoto Prefectural Government, about 87.9 million people visited the prefecture in 2019. Kyoto has about 2,000 temples and shrines. According to tripadvisor, an online travel company, the top ranking tourist spots in Kyoto are Fushimi Inari-taisha Shrine as number one, and Kinkakuji Temple as number two.

(京都は，1869 年まで日本の首都で，現在，世界で最も人気のある観光地の 1 つです。京都府庁によると，2019 年，約 8790 万人が京都を訪れました。京都には約 2,000 の寺や神社があります。オンライン旅行会社のトリップアドバイザーによると京都の上位の観光名所は 1 位は伏見稲荷大社で，2 位は金閣寺です。)

Logic Focus

■主張を客観的な根拠で裏付ける

主張や理由を客観的に裏付けるため，記事の内容やデータ，研究結果，専門家の言葉を引用すると，より説得力の高い文章となる。

例文の訳

文化について学ぶことは非常に重要である。第一に，文化的な知識は他人をよく理解し，良い人間関係を築くことに役に立つ。第二に，文化的な知識はビジネスでの成功の鍵である。有名なアメリカのビジネス雑誌の記事によると，「文化的知性」を持つ従業員はチームのメンバー間のギャップを埋めることで，国際的な組織では重要な役割を果たす。最後に，文化を学ぶということは自分自身について学ぶことである。別の文化を学ぶことは自分自身の文化についての意識を高めると主張する研究者もいる。結論として，文化的な知識とは，より良い人生を過ごすために身につける必要がある重要な能力の１つである。

■パラグラフの構成

主題文　文化を学ぶことは重要である
支持文①　良い人間関係を築く助けになる
支持文②　ビジネスの成功にも重要である＞ **according to** 有名なアメリカのビジネス雑誌
支持文③　自分自身を学ぶためにも役に立つ＞研究者の主張(**claim**)を引用
結論文　文化的な知識は良い人生を送るための鍵

■出典を示す表現

情報の出典を示す	according to ～(～によると), A report［An article］says (that) ～(報告書［記事］は～と言っている)，based on ～(～に基づくと)
他の人の主張を示す	～ claim［argue］that ...(～は…と主張する)，～ point out that ...(～は…と指摘する)，～ believe［think］that ...(～は…と考えている)

Let's try

問題文の訳　表は外国人観光客が日本滞在中に平均して使う金額を示しています。下の表からあなたが学んだことについて１文を書きなさい。

！ヒント

according to ～などの情報の出典を示す語句を使って書くようにする。

(例)**According to** JTA, the average international tourist spends about 150,000 yen during their stay in Japan.
(JTA によると，平均的な外国人観光客は日本滞在中に約 15 万円使います。)

解答例

The survey conducted by JTA shows that the average international tourist spent more money in 2019 than in 2018 when they stayed in Japan.
(JTA によって行われた調査は，平均的な外国人観光客は日本に滞在したときに 2018 年より 2019 年の方がより多くのお金を使ったことを示しています。)

補充問題

1 次の 2 文がほぼ同じ意味になるように，(　　)に適切な語を入れなさい。

1. I know some of the boys playing soccer on the field.
I know some of the boys (　　　　) (　　　　) (　　　　) soccer on the field.
2. I'm looking for a T-shirt with a face of a panda on it.
I'm looking for a T-shirt (　　　　) (　　　　) a face of a panda on it.
3. They want to see a mountain covered with snow.
They want to see a mountain (　　　　) (　　　　) covered with snow.
4. Look at the house with a red roof.
Look at the house (　　　　) (　　　　) (　　　　) red.
5. The important thing is to do your best.
(　　　　) (　　　　) important (　　　　) to do your best.

2 日本語に合うように，下線部に適切な語句を補いなさい。ただし，(　　)内の語数に合わせること。

1. 彼は自分がしてしまったことを後悔しました。(4 語)
He was sorry for ________________.
2. 私たちが滞在しているホテルは海の眺めがよいです。(6 語)
________________ has a good view of the sea.
3. あなたは私たちが初めて会った日のことを覚えていますか。(5 語)
Do you ________________ first met?
4. 彼が昨日学校を休んだ理由を教えてください。(6 語)
Please tell me ________________ from school yesterday.

3 友人の Sam がオーストラリアから日本にやって来ます。ぜひ連れて行きたい場所とその理由について，60 語程度の英語のメールを書きなさい。

Hi, Sam,

____

____

____

Best Wishes,
Aya

Build Up 3 英語の情報構造

解説

1 「新情報」は後にくる

英文を書く場合，「**旧情報**(＝相手が知っていること)→**新情報**(＝相手が知らないこと)」という流れが基本となる。その結果，相手にとって**価値の高い新情報は英文の後のほうにくる**ことが多い。

SVOO と〈SVO + to[for] A〉

SVOO と〈SVO + to[for] A〉は言いかえ可能な場合が多いが，情報構造の観点から自然なほうが選ばれる。

旧情報を代名詞で受ける

(1) 1. "What did he give Sally for her birthday?" "He gave **her** **a ring**."

買ったもの(新情報)

(「彼はサリーの誕生日に何をあげましたか。」「彼は彼女に指輪をあげました。」)
「サリー」という情報はすでに質問で出ているため，その応答では旧情報として扱っている。質問の答えになる「指輪」が，価値の高い新情報である。

旧情報を代名詞で受ける

2. "Who is he going to give the ring to?" "He is going to give **it** **to Sally**."

与える相手(新情報)

(「彼はその指輪を誰にあげるつもりですか。」「彼はそれをサリーにあげるつもりです。」)
「指輪」という情報はすでに質問で出ているため，その応答では旧情報として扱っている。質問の答えになる「サリー」が，価値の高い新情報である。

受動態

下の２つの文では，旧情報から新情報へつながっており情報の流れが自然である。

旧情報を代名詞で受ける

(2) 1. My favorite novel is *Botchan*. **It** was written by **Natsume Soseki**.

作家の名前(新情報)

(私の好きな小説は『坊っちゃん』です。それは夏目漱石によって書かれました。)
1文目で話題として示された『坊っちゃん』を，2文目では旧情報として扱っている。新しく出てきた「夏目漱石」という情報が，価値の高い新情報である。

旧情報を代名詞で受ける

2. My favorite novelist is Natsume Soseki. **He** wrote ***Botchan***.

作品名(新情報)

(私の好きな小説家は夏目漱石です。彼は『坊っちゃん』を書きました。)
2文目では，旧情報である「夏目漱石」を代名詞 He で言いかえ，新情報である『坊っちゃん』は強調するために後に置かれている。

2 「長い語句」は後ろへ

形式主語・形式目的語の it

(1) 英語では「**短い語(句)**」→「**長い語句**」という流れが好まれる。形式主語や形式目的語として it が用いられるのは，長い語句を後ろに置くためである。

短い語 長い語句

1. **It** is necessary **to eat vegetables every day**. (毎日，野菜を食べることが必要です。)
形式主語 真主語

短い語 長い語句

2. I think **it** important **that we all do our best**.
形式目的語 真目的語
(全員が全力を尽くすことが重要だと思う。)

群動詞〈動詞＋副詞〉の目的語の位置

〈動詞＋副詞〉で他動詞の働きをする群動詞の場合，目的語の位置は〈動詞＋副詞＋名詞(目的語)〉か〈動詞＋名詞(目的語)＋副詞〉のどちらでも可能。目的語が長い場合は副詞の後ろに置くのが普通。目的語が代名詞の場合には，〈動詞＋代名詞(目的語)＋副詞〉の語順にする。

長い場合は副詞の後ろに置く

(2) I turned on **the lights on the Christmas tree I decorated**,
and the next morning, I turned **them** off. × *turned off them*
代名詞の場合は副詞の前に置かなければならない。
(私は飾り付けたクリスマスツリーの明かりをつけ，次の日の朝に消した。)
cf. I turned the lights on. / I turned on the lights.(私は明かりをつけました。)

Practice

1 プレゼントを買った話をクラスメートと話しています。下線部を自由に変えて，ペアで話しましょう。ボックス内の語句を使っても構いません。

！ヒント

相手が知っていること(旧情報)から相手が知らないこと(新情報)へという流れを意識すること。

(例)

A: Yesterday I bought a new T-shirt.(昨日，新しい T シャツを買ったの。)
B: For yourself?(自分用に？)
A: No, I **bought** it **for** my brother.(いいえ，それは兄[弟]に買ったの。)
B: That reminds me. My sister's birthday is coming up. I want to **give** her a pair of athletic socks, because she plays basketball.
(それで思い出したよ。姉[妹]の誕生日がもうすぐなんだ。彼女にスポーツソックスをあげたいんだ。バスケットボールをしているから。)

gift(贈り物)：a pencil case(筆箱), a headphone(ヘッドフォン), a backpack(バックパック), a box of chocolate(チョコレート 1 箱), a bouquet(花束), a novel(小説), a mug(マグカップ)

event(イベント)：Christmas(クリスマス), Mother's[Father's] Day(母[父]の日), Respect for the Aged Day(敬老の日), Valentine's Day(バレンタインデー)

解答例

A: Yesterday I bought a new skirt.(昨日，新しいスカートを買ったの。)

B: For yourself?(自分用に？)

A: No, I **bought** it **for** my sister.(いいえ，それは姉[妹]に買ったの。)

B: That reminds me. Father's Day is coming up. I want to **give** him a new pair of sneakers, because he likes jogging.(それで思い出した。父の日がもうすぐだよ。彼に新しいスニーカーをあげたいんだ。ジョギングが好きだから。)

2 下線部を自由に変えて，以前行った場所について発表しましょう。

！ヒント

be located in ～(～にある)や be known for ～(～で知られている)といった表現を使って，以前行った場所を説明すればよい。

(例)I went to Osaka Science Museum with my father when I was 10 years old. It **is located** in Nakanoshima, Osaka. The museum **is known** for its big planetarium. We enjoyed some planetarium shows. They were full of spectacular images and facts about the universe.

(10歳のとき，私は父と一緒に大阪市立科学館に行きました。それは大阪の中之島にあります。科学館はその大きなプラネタリウムで知られています。私たちはプラネタリウムショーを楽しみました。それらは宇宙に関する壮大な映像と事実でいっぱいでした。)

解答例

I went to Tokyo Disneyland with some of my friends when I was a junior high school student. It is located in Urayasu, Chiba. The amusement park is known for its seasonal decorations and parades. We tried to visit all of the themed attractions, but we couldn't. There were too many things we wanted to do and see.

(中学生のとき，私は何人かの友達と一緒に東京ディズニーランドに行きました。それは千葉の浦安にあります。その遊園地は季節ごとの装飾やパレードで知られています。私たちはそのすべてのアトラクションに行こうとしましたが，行けませんでした。したいことや見たいものがあまりにもたくさんありました。)

補充問題

1 **日本語と英語の情報構造に注意しながら，下線部に適切な語句を補いなさい。**

1. その写真に写っている女性はメイヤーさんです。彼女は私たちの音楽の先生です。
 The woman in the picture is Ms. Mayer. ________________
2. 将棋をするのはとてもおもしろいです。
 It is ________________.
3. キッチンの明かりを消してくれますか。
 Will you ________________?
4. 私は大阪に住んでいます。私はこちらにこの前の3月に引っ越してきました。
 I live in Osaka. ________________

2 **次の書き出しに続けて，下線部に英文を自由に書きなさい。**

1. Last week I went to see a movie. It ________________
 ________________.
2. The mountain over there is Mt. Fuji. It ________________
 ________________.
3. I found it interesting to ________________
 ________________.
4. It is difficult for me to ________________
 ________________.
5. It is strange that ________________
 ________________.

3 **次の日本語を英文に直しなさい。ただし，(　　)内の語句を必要ならば形を変えて使うこと。**

1. 彼女はコートを脱いでそれをソファの上に放り投げました。(take)
 ____
2. 私は放課後にミキを訪ねて，スケジュールの変更について話すつもりです。(call on)
 ____
3. 彼があれほどひどい事故から生還したのは奇跡です。(miracle)
 ____
4. ジュディーは，自分のクレジットカードが使えないのはおかしいと思いました。
 (work)
 ____
5. ジャックは，推理小説を読むのはわくわくするとわかりました。
 (exciting, mystery novels)
 ____

Lesson 7 Do all Japanese people need to speak English?

Topic Introduction

①You might think that English is the most spoken language in the world. ②**However**, Chinese is the most spoken as a mother tongue. ③Spanish also has a large number of native speakers. ④**If** you include non-native speakers, English is the most common. ⑤English is the most spoken second and foreign language all over the world. ⑥**When** you communicate in English, you are more likely to talk to non-native speakers.

①英語が世界で最もよく話されている言語と思っているかもしれません。②しかし，中国語が母語として最もよく話されています。③スペイン語もまた，多くの数の母語話者がいます。④非母語話者を含めると，英語が最もよく使われています。⑤英語は世界中で，最もよく話される第二言語であり，外国語なのです。⑥英語でやりとりする時，英語の非母語話者と話す可能性の方が高いでしょう。

語句と語法のガイド

tongue [tʌŋ] 発音	名 国語，言語，舌 ▶ mother tongue 熟 母語
a large number of ～	熟 多くの～ ▶ 数えられる名詞に付ける
native [néɪtɪv]	形 生まれつきの ▶ native speaker 熟 母語話者
include [ɪnklúːd]	動 ～を含む
common [kɑ́(ː)mən]	形 一般的な，誰でも使っている
be likely to *do*	熟 ～しそうだ

解説

② **However, Chinese is the most spoken as a mother tongue.**
however は「しかし」という意味の副詞。 EB4
most は副詞 much の最上級。

④ **If you include non-native speakers, English is the most common.**
if は接続詞。「もし～ならば」という条件を表す副詞節をつくる。
non- は「非～，不～，無～」という意味を表す接頭辞。(例)non-smoker(非喫煙者)

⑤ **English is the most spoken second and foreign language all over the world.**
second language(第二言語)とは，母語に次いで使用する言語のこと。例えば，英語圏に移住した移民がその国で生活するために英語を学ぶ必然性が出てくる状況や，フィリピンやシンガポールのように英語が公用語として話されている国で英語を学ぶ必然性がある状況を考えればよい。

⑥ **When you communicate in English, you are more likely to talk to ....**
when は接続詞。「～するときに」という時を表す副詞節をつくる。

Listening Task

Circle T for True or F for False. （正しければT, 間違っていればFに○をつけなさい。）

!ヒント
1. 英語は世界の言語の中で母語話者が最も多いか。(→①②)
2. 中国語は母語として最もよく話されている言語か。(→②)
3. 英語で話すとき，英語の母語話者と話す可能性の方が高いだろうか。(→⑥)

Example Bank

情報を加える(3)

A　不定詞(副詞的用法)

1. Misaki uses a paper dictionary **to look up English words**.
(美咲は英単語を調べるために紙の辞書を使う。)
2. I'm glad **to find some useful language learning websites**.
(役に立つ言語学習サイトをいくつか見つけられてうれしい。)

解説

不定詞の副詞的用法

不定詞を含む語句が**目的**や**原因**を表して**動詞や形容詞を修飾する**のが不定詞の副詞的用法。

目的を表す不定詞

1. 不定詞が動作や行為の**目的**「**～するために**」を表す。in order to *do* や so as to *do* を用いると目的の意味をより明確に示すことができる。

感情の原因を表す不定詞

2. 不定詞が感情を表す形容詞と結びついて**感情の原因**「**…して～**」を表す。〈be ～ to *do*〉の形で，glad[happy, delighted, pleased]，sorry，disappointed，proud，thankful，upset などの形容詞が用いられる。

＋ 不定詞の副詞的用法にはほかに，「**判断の根拠**」や「**結果**」を表すものがある。
⇨ How *careless* he is **to do such a thing**! [**判断の根拠**]
(そんなことをするなんて，彼はなんて不注意なんだ！)
⇨ My grandfather **lived to be ninety**. [**結果**] (祖父は 90 歳まで生きました。)

独立不定詞の慣用表現

不定詞が文のほかの要素から離れて独立した位置に置かれ，文全体を修飾することがある。この用法を**独立不定詞**と呼ぶ。前置きや挿入として使われ，文頭に置かれるほか，文中や文末に置かれることもある。

●独立不定詞の慣用表現

to make matters worse(さらに悪いことには)，to tell (you) the truth(実を言うと)，to begin[start] with(まず第一に)，to be frank with you(率直に言うと)

B　副詞・副詞句・副詞節

3. I **often** send emails to my friend in the U.S.
(私はしばしばアメリカの友人にメールを送る。)
4. **Surprisingly**, our teacher can speak several languages.
(驚いたことに，私たちの先生は複数の言語を話せる。)

5. My father manages to read Portuguese **with a dictionary at his side.**
(父は傍らに辞書を置いてポルトガル語をなんとか読むことができる。)

6. English is **so** widespread **that** it is hard to deny its usefulness.
(英語はとても普及しているのでその有用性を否定するのは難しい。)

7. **Although** she has never been to Russia, she knows some Russian.
(彼女はロシアに行ったことはないが，いくつかのロシア語を知っている。)

解説

副詞・副詞句・副詞節の働き

副詞・副詞句・副詞節は**動詞，形容詞，副詞，文などを修飾**し，文にさまざまな意味を加える。前置詞句が副詞の働きをすることもある。

⇨ I study English hard (副詞) to work in a global company (副詞句) after I graduate from college (副詞節).

(私は大学を卒業した後，世界的企業で働くため一生懸命英語を勉強しています。)

動詞を修飾する副詞

fast(速く)，fluently(流ちょうに)といった様態を表す副詞は，原則として自動詞の直後，または他動詞の目的語の後に置く。be 動詞の場合はその直後に置く。

3. 頻度を表す副詞は，**一般動詞の直前**に置かれ，be 動詞を含む文の場合，**be 動詞の直後**に置かれる。助動詞がある場合，**助動詞の直後**に置かれる。

➕ 頻度を表す副詞には，always → usually → often → sometimes → seldom［rarely］→ never などがあり，順に頻度が低くなる。

文全体を修飾する副詞

4. surprisingly(驚くべきことに)など，**文全体を修飾**し話者の判断や気持ちを表す副詞がある。文頭に置かれることが多いが，文中や文末に置くこともできる。このような副詞はほかに，luckily[fortunately]（幸運にも)，clearly[obviously, evidently]（明らかに)，naturally(当然)，unfortunately(不運にも)などがある。

付帯状況を表す副詞句

5. with は，「ある状況を伴って」という**付帯状況**を表す。〈with ＋名詞～〉の形で，ここでは，「～」に at his side(彼のそばに)という前置詞句がきている。

⇨ He was sleeping **with** his mouth open (形容詞).(彼は口を開けたまま眠っていました。)

〈with ＋(代)名詞＋過去分詞［現在分詞］〉で「～が…された［している］状態で」という意味を表す。with の後の(代)名詞が分詞の意味上の主語の働きをしている。分詞が現在分詞になるか過去分詞になるかは，意味上の主語と分詞が能動の関係か受動の関係かによって決まる。

⇨ He waited for her to come back **with** *the engine* **running**.(エンジンをかけたまま，彼は彼女が戻ってくるのを待ちました。)→ the engine was running［能動の関係］

⇨ Kate was waiting for me **with** *her arms* **crossed**.(ケイトは腕組みをして私を待っていました。)→ her arms were crossed［受動の関係］

時や条件を表す副詞節

節とは〈**主語＋動詞**〉を含む語のまとまりのことを言い，**副詞節**は副詞の働きをして主節

(の動詞)を修飾し，**時や条件などの意味**を付け加える。時と条件を表す副詞節では，未来のことであっても現在形を用いることに注意する。

⇨ Please call me **when** you arrive at the hotel.(ホテルに着いたら電話をください。)
S′ V′ ×*will arrive*

⇨ **If** it rains tomorrow, I will stay home.(もし明日雨が降れば，私は家にいます。)
S′ V′ ×*will rain*

so ～ that ...

6. **so ～ that ...** は,「とても～なので…，…なほど～」という意味で，**結果や程度**を表す。soの後ろには形容詞か副詞がくる。口語では that が省略されることもある。

譲歩や条件を表す副詞節

譲歩とは，自分の意見と相手の意見との折り合いをつけることをいい，英語では「～だけれども」といった意味の表現を指す。

7. **although[though]** は**譲歩**を表す接続詞。although のほうがやや堅い。文頭に置く場合は although のほうが好まれる。even though は though の強調表現。
whether A or B は「A であろうと B であろうと」という意味。**whether A or not** は「A であろうとなかろうと」という意味。名詞節の whether A or not(A かどうか)とは区別すること。

複合関係詞

複合関係詞	意味	主な書きかえ
whoever	誰が[誰を]～しようとも	no matter who ～
whichever	どれ[どちら]が[を]～しようとも	no matter which ～
whatever	何が[何を]～しようとも	no matter what ～
whenever	～する時はいつでも	any time ～
	いつ～しようとも	no matter when ～
wherever	～するところはどこへ[で]でも	(at) any place ～
	どこへ[で]～しようとも	no matter where ～
however +形・副	どんなに～でも	no matter how 形・副 ～

〈however +形容詞[副詞]〉の形で,「どんなに～でも」という譲歩の意味を表す。

⇨ He never gives up, **however difficult** the situation is.
(どんなに状況が困難でも，彼は決してあきらめません。)

C　分詞構文

8. The Canadian teacher talked about his hometown, **using photos**.
(写真を使いながら，そのカナダ人の先生は故郷について話した。)

9. **Written in plain English**, this novel is good for beginners in the language.
(わかりやすい英語で書かれているので，この小説は英語初心者に良い。)

解説

分詞構文

分詞構文は，分詞の導く句が**文を修飾し，副詞の働き**をする。分詞構文は**付帯状況，時，**

原因・理由，条件，譲歩といった意味を表す。文脈に応じて意味をとる必要がある。

付帯状況を表す分詞構文

「**～しながら，～の状態で**」と，２つの動作が同時に進行する状態を**付帯状況**という。分詞構文の中では最も よく使われる用法であり，話し言葉でも使われる。付帯状況を表す分詞構文は文末に置くことが多い。

8. talked about his hometown と using photos が**同時**に行われていたことを表す分詞構文。

➕ 分詞構文は文中にくることも多い。

⇨ The girl, **closing her eyes**, listened to the music.
(その女の子は目を閉じて音楽を聞きました。)

時を表す分詞構文

分詞構文が「**～する時に，～している時に**」という意味を表す。when や while などの接続詞を用いて書きかえることができる。

⇨ **Playing** soccer, he hurt his leg.(サッカーをしている時に，彼は脚にけがをしました。)

➡ **While** *he was playing* soccer, he hurt his leg.

理由を表す分詞構文

分詞構文が「**～なので，～だから**」という原因や理由を表す。because, since, as などの接続詞を用いて書きかえることができる。

⇨ **Feeling** sick, I went to see a doctor.(気分が悪かったので，私は医者に診てもらいました。)

➡ **Because**[**Since, As**] *I felt* sick, I went to see a doctor.

9. Written in plain English が this novel is good for beginners in the language を副詞句として修飾している，過去分詞を使った分詞構文。ここでは「**～なので，～だから**」と**原因**や**理由**を表している。Because[Since, As] it is written in plain English, ... と書きかえることができる。

慣用的な独立分詞構文

分詞構文の主語が主節の主語と一致しない場合，意味上の主語を明確にするために，分詞の前に意味上の主語を置く。このような分詞構文を独立分詞構文と呼ぶ。

⇨ **All things** considered, it is the best way.(あらゆることを考えると，それが最善の方法です。)

➡ **If** *all things are considered*, it is the best way.

分詞の意味上の主語が，一般の人を表す we, you, they などのとき，文の主語と異なっていても，慣用的に省略することがある。

⇨ **Judging from** this picture, he is very tall.(この写真から判断すると，彼はとても背が高いです。)

●慣用的な独立分詞構文

considering ～(～を考慮すれば)，generally[frankly, strictly] speaking(一般的に[率直に，厳密に]言えば)，compared with ～(～と比較すると)

Try it out!

1 (　　)内から適切な語を選んで，文を完成させましょう。

！ヒント ➡ EB2,3,4,5,7,8,9

1. ・理由を表す分詞構文(付帯状況を表すとも考えられる)。主節の主語「私」は励ますのか，それとも励まされるのかを考え，現在分詞か過去分詞かを決めればよい。
・「私たちの先生に励まされ，私はアメリカの大学に出願しました。」

2. ・fluent は「流ちょうな」という意味の形容詞。fluently は「流ちょうに」という意味の副詞。
・「彼女は一度も日本に行ったことがありませんが，日本語を流ちょうに話します。」

3. ・時を表す分詞構文。「〜する時に，〜している時に」という意味を表す。
・「留学生と話をしている時に，私は自分が英語を話すのを楽しんでいることに気づきました。」

4. ・「〜だけれども」という譲歩の意味を表す接続詞を使う。
・「試験は難しかったのですが，私はよい成績をとりました。」

5. ・「〜して…」という感情の原因を表す不定詞の副詞的用法。
・「彼は先週開かれたスピーチコンテストで優勝して誇らしく思っていました。」

6. ・unfortunate は「不運な」という意味の形容詞。unfortunately は「不運にも」という意味の文全体を修飾する副詞。
・「不運にも，私たちのグループはディベートで負けました。」

7. ・〈with ＋(代)名詞＋現在分詞［過去分詞］〉で「〜が…している［された］状態で」という意味。his legs were crossed という関係に着目する。
・「彼は足を組んで新聞を読んでいました。」

語句と語法のガイド

encourage [ɪnkə́:rɪdʒ] 発音	動 〜を励ます ▶ encouragement 名 励まし
apply to 〜	熟 〜に申し込む
do well on 〜	熟 (テスト)でよい成績をとる
debate [dɪbéɪt]	名 ディベート

練習問題① **(　　)内から適切な語を選んで，文を完成させましょう。**

1. (Written / Writing) in plain English, the book is easy to read.
2. Jane speaks several languages (fluent / fluently).
3. (Walk / Walking) my dog, I hit upon a new idea.
4. (Whether / Although) he was born in France, he cannot speak French very well.
5. We are glad (to / that) hear of her success in the exam.
6. (Unfortunate / Unfortunately), I failed EIKEN Grade Pre-2.
7. The man was watching the English news program with his arms (folding / folded).

練習問題② **日本語に合うように，下線部に適切な語句を補いましょう。ただし，2は(　)内の語を使おう。**

1. サムはいつもテレビを見ながら夕食をとる。
   Sam always has dinner, ＿＿＿＿＿＿＿＿＿＿.
2. 霧に囲まれたので，私たちはそれ以上運転することができなかった。(fog)
   ＿＿＿＿＿＿＿＿＿＿, we couldn't drive any more.
3. 彼は母親を手伝うために早く帰宅した。
   He went home early ＿＿＿＿＿＿＿＿＿＿.

2 **英語以外の外国語を学ぶことについてクラスメートと話しています。下線部の語句を自分の言葉で言いかえて，意見を伝え合いましょう。答えるときは理由や詳細を加えてみよう。**

!ヒント ➡EB ⒶⒷⒸ

・I want to learn ～ to *do* の to *do* は目的を表す副詞的用法の不定詞。
・so ～ that ... は，「とても～なので…」「…なほど～」という意味。so の後ろは形容詞か副詞がくる。

A: What foreign language do you want to learn, other than English?
（英語以外で，あなたはどの外国語を学びたいですか。）

B:（例）I want to learn Korean **to** understand Korean pop songs.
（私は韓国のポップスを理解するために韓国語を学びたいです。）

A: Do you think it is difficult to learn Korean?
（あなたは韓国語を学ぶことは難しいと思いますか。）

B:（例）Korean is **so** popular **that** we can learn it easily on social media.
（韓国語はとても人気があるので，ソーシャルメディアで簡単に学ぶことができます。）

語句と語法のガイド

other than ～ 熟 ～以外に，～以外の

解答例

A: What foreign language do you want to learn, other than English?
（英語以外で，あなたはどの外国語を学びたいですか。）

B: I want to learn Portuguese to become a soccer player in Brazil.
（私はブラジルでサッカー選手になるためにポルトガル語を学びたいです。）

A: Do you think it is difficult to learn Portuguese?
（あなたはポルトガル語を学ぶことは難しいと思いますか。）

B: Portuguese is not so popular in Japan that we might not easily find a place to learn it.（ポルトガル語は日本ではあまり一般的ではないので，それを学ぶための場所を容易には見つけられないかもしれません。）

3 **人々はなぜ英語を学ぶのかについてクラスで話しています。英語を学ぶ理由を示した表を見ながら，下線部の語句を自分の言葉で言いかえて，クラスメートと伝え合いましょう。**

！ヒント ➡EB Ⓐ Ⓑ Ⓒ

・Why do you think many people learn English? は，間接疑問の疑問詞が文頭に移動している。主節の動詞に think，suppose，say などが使われるとき，この形になる。
・I think (that) it's because 〜. は「私はそれは〜だからだと思う」という意味。because の後に節〈主語＋動詞〉が続くことに注意する。
・What do you want to do, using English? の using は分詞構文で「付帯状況」を表す。

Five reasons to learn English（英語を学ぶ５つの理由）

1 English is a global language.（英語は世界言語です。）
2 Learning English can help you get a job.（英語を学ぶことはあなたが仕事を得ることに役立つでしょう。）
3 Learning English can help you meet new people.（英語を学ぶことはあなたが新しい人々に出会うことに役立つでしょう。）
4 English is the language of the internet.（英語はインターネットの言語です。）
5 Traveling is a lot easier with English.（英語を使うと旅行がずっと簡単になります。）

（例）

A: Why do you think many people learn English?
（あなたはなぜ多くの人々が英語を学ぶのだと思いますか。）

B: I think it's **because** English is a global language.
（英語は世界言語だからだと思います。）

A: What do you want to do, **using** English?（あなたは英語を使って何をしたいですか。）

B: I want to use English for work. I hope to work in Singapore in the future.
（仕事で英語を使いたいです。私は将来シンガポールで働きたいです。）

語句と語法のガイド

help 〜 *do*　熟 〜が…するのを助ける

解答例

A: Why do you think many people learn English?
（あなたはなぜ多くの人々が英語を学ぶのだと思いますか。）

B: I think it's because learning English can help you meet new people.
（英語を学ぶことはあなたが新しい人々に出会うことに役立つからだと思います。）

A: What do you want to do, using English?（あなたは英語を使って何をしたいですか。）

B: I want to use English for making a lot of friends all over the world. I hope to go on to a university in Australia and make many foreign friends there.
（世界中にたくさんの友達を作るために英語を使いたいです。私はオーストラリアの大学に進学してそこでたくさんの外国人の友達を作りたいです。）

Expressing

記事の訳

すべての日本人が英語を話す必要があるかどうかという問題には2つの側面があります。2000年に，英語は日本の第2公用語であるべきかどうかということについての全国的な議論がありました。その年に出された報告書は，英語を国の第2公用語にすることを提案しています。その報告書にはすべての日本人が英語の実用的な知識を持つべきだと書かれていました。

その考えに賛成する人々は，それは英語を使うことができる人々の数を効果的に増やすことになるだろうと言いました。彼らはそれはまた，日本を本当にグローバルな国にする助けとなるだろうと言いました。一方で，その考えに反対する人々はすべての日本人が使えるレベルの英語を身につけることは不可能だろうと言いました。さらに，日本ですべての日本人に英語を使うように強制することは道理に合わないでしょう。

日本の第2公用語としての英語についての議論は，政治的・教育的な問題だけでなく，文化的・経済的な問題も含みます。

STEP 1

問題文の訳

1. 記事のキーワードやキーフレーズは何ですか。
2. 記事全体の主題文を見つけなさい。

！ヒント

・キーワード／キーフレーズとは，その文章の主題(トピック)を表す語句で，文章の中で繰り返されることが多い。第1段落と第3段落で複数回使用されている語句に注目する。
・主題文とは，書き手が伝えたいメッセージを述べている最も重要な文である。第1段落の第1文に注目する。

STEP 2

問題文の訳

1. 対照的な考えのそれぞれを支持する2つのポイントを書きなさい。
2. 記事全体の結論文を見つけなさい。

！ヒント

・第2段落の on the other hand(一方で)というつなぎの言葉に着目する。その前の2つの文で賛成の意見，その後の2つの文で反対の意見が書かれている。
・結論文とは，主題文の主張を言いかえたりまとめたりする文。第3段落に注目する。

STEP 3

問題文の訳

STEP1 と **STEP2** を使って，50語から60語で記事の要約を書きなさい。

！ヒント

・**STEP1** より，主題文で要約を書き始める。
・**STEP2** より，支持文→結論文の順番で，要約を書き進める。細かな具体例や説明は要約に含めないことに注意する。
・必要に応じて元の表現を自分なりに言いかえる。また，キーワード／キーフレーズを使うようにする。

Logic Focus

(例文の訳)

英語を学ぶ時，学習者は２つの読解方法を練習する必要がある。１つは精読で，学習者は英文を一文一文，ゆっくりと丁寧に読む。内容理解問題に答えたり，新たな語いや文法を学んだりするだろう。

対照的に，多読は楽しみのために簡単なレベルの英文をたくさん読むだけである。学習者は辞書を必要としない。適切なレベルの楽しい本を読むだけで，彼らの英語は上達する。

成功する言語学習のためには，両方の読解方法が役に立つ。もし英文を正しく，能率的に読めるようになりたければ，この２つの読解方法を学ぶことで勉強をかなり進めることができる。

■要点・要約を書く手順

①キーワードを見つける

キーワードとは，その文章の主題(トピック)を表す語句で，文章の中で繰り返されることが多い。

②主題文を見つける

③重要な支持文を見つける

細かな具体例や説明は要約に含めない。

④結論文を見つける

⑤まとめる

①〜④をもとに，パラグラフ構成を考え，つなぎの言葉を使って簡潔にまとめる。その際，必要に応じて元の表現を自分なりに言いかえる。

(要約文の例の訳)

２種類の読解がある。精読は英文を一文一文，ゆっくりと丁寧に読む。対照的に，多読は楽しみのために簡単なレベルの英文を単にたくさん読むことである。あなたの英語を上達させるためには，両方の読解方法が役に立つ。

■つなぎの言葉

言いかえ	in other words(言いかえると), that is (to say)(つまり), namely(すなわち)
要約	in short / in brief(要するに), in a word(一言で言うと), in summary / to sum up(要約すると)
結論	in conclusion / to conclude(結論として)

■複数パラグラフ

複数のパラグラフからなる文は，通常，１つのパラグラフ内の英文構成と類似の「序論(Introduction)→本論(Body)→結論(Conclusion)」という構成を持つ。要約する場合は，各パラグラフの主題文と重要な支持文，結論文を見つけ，文章全体の構成を意識しながら，それらを使ってまとめる。序論のパラグラフの主題文は文章全体の主題文となり，結論のパラグラフの主題文は文章全体の結論文となるのが普通である。

補充問題

1 日本語に合うように，(　　)内の語句や記号を並べ替えて英文を完成させなさい。ただし，下線部の語を適切な形に変えること。

1. 私の姉は常に部屋を完璧にきれいにしています。
My sister (keep / her / always / perfectly / room) clean.
My sister ______________________________ clean.
2. 男の子が手をポケットに入れたまま歩いていました。
A boy was (walk / his hands / his pockets / with / in).
A boy was ______________________________.
3. 私たちはよく将来の計画について話しながらベンチに座っていました。
We would often sit on (talk / our / about / future plans / the bench / ,).
We would often sit on ______________________________.
4. 遠くから見ると，その島は巨大なクジラのように見えます。
(see / looks / from / the island / a distance / ,) like a huge whale.
______________________________ like a huge whale.

2 日本語に合うように，下線部に適切な語句を補いなさい。ただし，(　　)内の語を使うこと。

1. 彼は始発のバスに乗るために，昨夜は早く寝ました。(to)
He went to bed early last night ______________________________.
2. 彼女がまた日本にやってくることを聞いて私たちは喜びました。(to)
______________________________ she would come to Japan again.
3. 驚くべきことに，彼は時間通りに姿を現しました。(time)
______________________________.
4. その箱はあまりにも重かったので，私には持ち上げられませんでした。(so, lift)
The box was ______________________________.
5. 私たちはこのオーブンを 10 年間使っているけれども，まだよく動きます。(oven)
______________________________, it still works well.

3 自分の部屋について紹介する 60 語程度の英文を書きなさい。部屋にある家具と掃除の頻度について具体的に説明すること。

____

____

____

____

Lesson 8 Is Japan open enough?

Topic Introduction

①After returning to Japan from America, my aunt **told** me that there were some problems with the Japanese work environment. ②For example, although Japanese workers think family time is important, they work long hours. ③Moreover, there are few female leaders in her workplace. ④**It is said that** Japan is still a male-dominated society. ⑤I hope that Japanese companies will aim to make their work environment more comfortable to everyone.

①私の叔母は，アメリカから日本に戻ってきた後，私に日本の労働環境には問題があると話してくれました。②例えば，日本人労働者は，家族の時間は大切と思っているけれども，長時間，働いています。③さらに，彼女の職場には，ほとんど女性のリーダーがいないそうです。④日本はまだ男性中心の社会と言われています。⑤日本の会社は，労働環境をすべての人にもっと快適なものにすることを目指すと良いと思います。

語句と語法のガイド

moreover [mɔːróʊvər] 副 さらに，その上

female [fíːmeɪl] 形 女性の，雌の ▶ 反 male 形 男性の，雄の

workplace [wə́ːrkplèɪs] 名 職場

male-dominated [méɪldá(ː)mɪnèɪtid] 形 男性支配[優位]の ▶ dominate 動 ～を支配する

society [səsáɪəti] アクセント 名 社会 ▶ social 形 社会の

aim [eɪm] 発音 動 ～を目指す ▶ 名 目的，目標

解説

① **..., my aunt told me that there were some problems with ....**

間接話法の形。EB2

⇨〈直接話法〉..., my aunt said to me, “There are some problems with ....”

③ **Moreover, there are few female leaders in her workplace.**

few は数えられる名詞(可算名詞)に付いて，「(数が)ほとんどない」という意味。a few は「少しの～，2，3 の～」という意味になる。

④ **It is said that Japan is still a male-dominated society.**

It is said that ～は「～と言われている」という意味。EB9

⑤ **... Japanese companies will aim to make their work environment more comfortable ....**

make (V) their work environment (O) more comfortable (C)

aim to *do* は「～することを目指す」という意味。

Listening Task

Circle T for True or F for False. （正しければT, 間違っていればFに○をつけなさい。）

！ヒント

1. 著者の叔母さんは以前アメリカに住んでいたか。(→①)
2. 彼女は日本人労働者は長時間働いていると思っているか。(→②)
3. 彼女は自分の会社にたくさんの女性のリーダーがいて幸せに思っているか。(→③)

Example Bank

情報を伝える

A 直接話法と間接話法

1. My father **said** *to me*, “You are free to decide how to lead your life.”
   (父は私に「どう生きるかは好きに決めていい」と言った。)
2. My father **told** *me that* I was free to decide how to lead my life.
   (父は私がどう生きるかは好きに決めていいと言った。)

解説

話法

直接話法は人の発言を言いかえや誇張をせずに，そのままの言葉で伝えるが，**間接話法**は発言内容を話し手の視点でとらえ直し，話のポイントを伝える。

直接話法

1. 発言者の話したことを**そのままの言葉**で伝えるのが**直接話法**。引用符(“ ”)で囲み，引用符内の時制は発言で使われていた時制をそのまま用いる。

間接話法

2. 発言内容の代名詞や時制などを**話し手の視点からとらえ直して**伝えるのが**間接話法**。ここでは told の後の that 節の中で表されている。発言者の言葉(**被伝達部**)を伝える時に使う「(人が)～と言う[話す]」という意味の say や tell などの動詞を**伝達動詞**という。

●直接話法から間接話法への転換の基本的な手順

①伝達動詞の選択
②発言内容(“ ” の内容)を that 節で導く。(that は省略可)
③人称[指示]代名詞を変える：発言中の人称代名詞は，話し手から見た人称に変える。また，指示代名詞は，話し手の視点からとらえた距離のある表現に言いかえる。(this → that，these → those)
④時制の一致を適用する：S said ～ と**過去の発言**を伝える時，従属節の時制は**1つ前の時制にずれる**。
⑤時と場所を表す表現を変える：here → there，now → then，～ ago → ～ before，today → that day，tonight → that night，yesterday → the day before / the previous day，last night → the night before / the previous night，tomorrow → (the) next day / the following day など
《注意》時・場所の表現は機械的に変更するのではなく，状況に応じて話し手の視点で適切に表現する。

[直接話法] Julia said to me, “I called you last night.”
[間接話法] Julia told me that she had called me the previous night.

B さまざまな伝達表現

3. Our teacher **told** us *to* consider our social responsibilities.
(私たちの先生は社会的責任について考えるよう私たちに言った。)

4. My father **advised** me *not to* depend on the internet too much.
(父は私にインターネットに頼りすぎないように助言した。)

5. She **suggested** *that* I take part in a local community event.
(彼女は私が地域のイベントに参加するよう提案した。)

6. He **asked** me *what* my neighborhood looked like.
(彼は私の近所はどのようなものかと尋ねた。)

7. **According to** the report, more and more people want to come to Japan to work.
(報告によると，ますます多くの人が日本に働きに来たいと思っている。)

解説

さまざまな被伝達部を間接話法で表す

発言内容(被伝達部)が，疑問詞を使った疑問文や Yes / No 疑問文の場合，また依頼・忠告・提案などを表す場合，間接話法では適切な伝達動詞や文型を用いて表す必要がある。

命令文⇔〈tell + O + to *do*〉

3. 〈**tell + O(人) + to *do***〉は「(人)**に〜するように言う**」という命令・依頼を表す。直接話法に直すと，被伝達部が**命令文**となる。

➡ Our teacher said to us, "Consider your social responsibilities."

否定の命令文を間接話法で表すときは不定詞の直前に not，never を置く。never は not より強い否定を表す。

［直接話法］ She said to me, "Don't be late."

［間接話法］ She told me **not** to be late.(彼女は私に遅れないようにと言いました。)

忠告を表す文⇔〈advise + O + to *do*〉

4. 〈**advise + O(人) + to *do***〉は「(人)**に〜するように勧める**」という忠告・助言を表す。ここでは to 不定詞が否定の形になっていることに注意する。直接話法に直すと，被伝達部が**忠告**を表す文となる。

➡ My father said to me, "You should not[had better not] depend on the internet too much."

提案を表す文⇔〈suggest + that S (should) *do*〉

5. 〈**suggest +(to 人)+ that S (should) *do***〉は「(人に)**〜することを提案する**」という意味。propose を使ってもよい。直接話法に直すと，被伝達部が**提案**を表す文となる。

➡ She said to me, "Why don't you take part in a local community event?"

《注意》提案・命令・要求・主張を表す動詞に続く that 節の中の動詞は原形になる。この用法を**仮定法現在**と呼ぶ。助動詞 should が使われることもある。

⇨ I **suggest** that we **wait** and **see**.(様子を見るのがよいと思います。)

⇨ He **insists** that Meg **be** present.(彼はメグが出席することを要求しています。)

仮定法現在が用いられる「提案・命令・要求・主張を表す動詞」には，demand(〜を要求する)，order(〜を命令する)，suggest[propose](〜を提案する)，recommend(〜を勧める)，request(〜を頼む)，require(〜を必要とする)，insist(〜を主張する)などがある。

⊞ 提案を表す文として，Let's ～を用いる場合もある。

⇨ I **suggested**[**proposed**] to him that we **take** a break.

➡ I said to him, "Let's take a break."(私は彼に，休憩することを提案しました。)

疑問詞を使った疑問文⇔〈ask ＋ O ＋疑問詞＋ S ＋ V〉

6. 〈**ask ＋ O(人)＋疑問詞＋ S ＋ V**〉は「(人)**に～を尋ねる**」という意味。直接話法に直すと，被伝達部が**疑問詞を使った疑問文**となる。間接話法では疑問詞の後が〈疑問詞＋ S ＋ V〉の語順になるので注意。

➡ He said to me, "What does your neighborhood look like?"

Yes / No 疑問文⇔〈ask ＋ O ＋ if[whether] ＋ S ＋ V〉

〈**ask ＋ O(人)＋ if ＋ S ＋ V**〉は「(人)**に～かどうか尋ねる**」という意味。直接話法に直すと被伝達部が **Yes / No 疑問文**となる。if の代わりに whether を使ってもよい。

⇨ The flight attendant **asked** me *if* I needed a blanket.
(客室乗務員は私に毛布が必要かどうか尋ねた。)

➡ The flight attendant said to me, "Do you need a blanket?"

according to ～

7. **according to ～**は直後に名詞をとり，「**～によると**」という情報の出所を表す。無生物主語の文で言いかえることもできる。

➡ The report **says**[**shows**] **that** more and more people want to come to Japan to work.

無生物主語「S が O に～を伝える」

tell は「～を伝える，告げる」の意味。「S が O に～を伝える」とは「S を見れば[聞けば] O は～がわかる」ということ。**show** でも同じような意味を表すことができる。

⇨ The map **tells**[**shows**] you how to get to the station.
(地図を見れば駅への行き方がわかります。)

この tell や show を用いた構文では，report(報告書)，research(調査)，study(研究)，result(結果)，experiment(実験)，figure(図)，table[chart](表)などが主語になることが多い。

⇨ Research **shows** that having a cup of coffee every day improves your health.(研究によれば，毎日 1 杯のコーヒーを飲むと健康になります。)

say は「～を述べる」の意味。「S は～を述べる」→「S には～と書いてある，S は～を伝える」ということ。

⇨ The newspaper **says** that we will have a cold winter.
(新聞に，寒い冬になりそうだと書いてあります。)

letter(手紙)，TV(テレビ)，sign(標識)，paper(新聞)などがよく主語になる。

C 「～と言われている」

8. **They say that** Japan has a rapidly aging population.
(日本は急速な高齢化社会であると言われている。)

9. **It is said that** the crime rate in the city has increased this year.
(今年，この街の犯罪率は増加したと言われている。)

解説

They[People] say that ～

8. they は特定されない「(話し手や聞き手を含まない)一般の人々」を指す。**They [People] say that ～**は「～だと言われている」という意味になる。

➡ It is said that Japan has a rapidly aging population.

➡ Japan is said to have a rapidly aging population.

It is said that ～

9. it は形式主語で，that 以下を指す。**It is said that ～**は「～だと言われている」という意味になる。

➡ They say that the crime rate in the city has increased this year.

➡ The crime rate in the city is said to have increased this year.

say を使った受動態

They[People] say that ～(～だと言われている)は次の 2 種類の受動態に書きかえることができる。**S is said to *do*** は「S は～する[である]と言われている」という意味を表す。

⇨ They say **that he is very rich**.

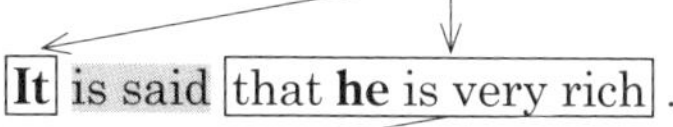

It is said that **he** is very rich.

He is said to　　be very rich.(彼はとても金持ちだと言われています。)

➕ believe(～を信じる)，think(～を考える)，know(～を知る)，suppose(思う)，consider(～を考える)，expect(～を期待する)，report(～を報告する)も同じように 2 種類の受動態に書きかえることができる。

⇨ They **believe** that seven is a lucky number.

➡ **It is believed** that seven is a lucky number.

➡ Seven **is believed to** be a lucky number.(7は幸運な数字だと信じられています。)

⇨ They **thought** that the woman was a witch.

➡ **It was thought** that the woman was a witch.

➡ The woman **was thought to** be a witch.(その女性は魔女だと思われていました。)

➕ 〈**S is said to have ＋過去分詞**〉は「S は～したと言われている」という意味を表す。この場合，to 以下が示す事柄は「言われている」より前の事柄である。

⇨ They **say** that tea originated in China.

➡ **It is said** that tea originated in China.
　　is: 現在　originated: 過去

➡ Tea **is said to** have originated in China.(お茶は中国が起源だと言われています。)
　　is: 現在　have originated: have ＋過去分詞

I hear that ～

I hear that ～は「～ということを聞いている」→「～ということだそうだ」と他人からの情報を伝える場合の表現方法。

⇨ **I hear that** Kate is going to learn judo during her homestay in Japan.
(ケイトは日本でホームステイしながら柔道を学ぶそうです。)

Try it out!

1 (　　)内から適切な語を選んで，文を完成させましょう。

！ヒント →EB1,3,4,6

1. ・直接話法とは,A says to B, "〜."のように,引用符を使って話した言葉どおりに伝える方法。
　・「生徒会長は『私たちの学校をよりよくしましょう』と言いました。」
2. ・後ろにある目的語(the students)と about に注目する。
　・「先生は日本の高齢化の背景にある原因について生徒に尋ねました。」
3. ・〈tell + O(人) + to *do*〉は「(人)に〜するように言う」という命令・依頼を表す。
　・「その警官は彼に道路規則に従うように言いました。」
4. ・〈ask + O(人) + if + S + V〉は「(人)に〜かどうか尋ねる」という意味。
　・「彼女は上司に会社を早退できるかどうか尋ねました。」
5. ・〈advise + O(人) + to *do*〉は「(人)に〜するように勧める」という忠告・助言を表す。ここでは to 不定詞が否定の形になっている。
　・「その医者は私に加工度の高い食品を食べないように忠告しました。」

語句と語法のガイド

student council president	熟 生徒会長 ▶ council [káʊnsəl] 名 議会，協議会
aging [éɪdʒɪŋ] 発音	形 高齢化している，老化の ▶ age 動 年をとる
population [pà(:)pjuléɪʃən]	名 人口
officer [á(:)fəsər]	名 警官 ▶ 名 役人
obey [oʊbéɪ]	動 〜に従う
boss [bɔ(:)s]	名 上司
highly [háɪli]	副 非常に
processed [prá(:)sest] アクセント	形 加工された ▶ process 動 〜を加工する

練習問題① (　　)内から適切な語を選んで，文を完成させましょう。

1. Our captain (said / told), "Let's do our best."
2. She (said / asked) about the location of the company.
3. They (suggested / told) her to keep working long hours without any breaks.
4. He (asked / told) his boss if he could take child-care leave.
5. The woman (said / advised) us to participate in community activities.

練習問題② 次の直接話法の文を，間接話法で表現しましょう。

1. Lisa said to me, "It's fine here today."
2. She said to him, "Have you been waiting for long?"
3. My mother said to me, "Don't stay up late."
4. Bob said to me, "Who put salt in my coffee?"

練習問題③ 日本語に合うように，下線部に適切な語句を補いましょう。

1. ケンは私に，彼のカバンを触らないようにと頼んだ。
   Ken ______________________ his bag.
2. 彼女は私に，両親に事実を話すよう助言した。
   She ______________________ my parents the fact.

3. 両親は私に9時以降はスマートフォンを使わないようにと言った。
My parents ____________ my smartphone after nine.

2 私たちの社会に対する一般的な意見について話しています。下線部の語句を自分の言葉で言いかえて，クラスメートと自分の考えや意見を伝え合いましょう。ボックス内の語句を参考にしても構いません。

!ヒント　➡EBⒶⒷⒸ
It is said that ～は「～だと言われている」という意味。節〈主語＋動詞〉が続くことに注意する。
(例)
A: **It is said that** we live in a free society. What do you think?
(私たちは自由な社会に暮らしていると言われています。あなたはどう思いますか。)
B: I think so, because we can express our own opinions. Our teachers always **advise** us to express what we think. How about you?(そう思います。なぜなら私たちは自分自身の意見を述べることができるからです。先生はいつも私たちに思っていることを述べるように勧めます。あなたはどうですか。)
A: I don't think so. We have many duties as members of society.
(私はそう思いません。私たちには社会の一員として多くの義務があります。)

- an aging society is not a good thing(高齢化社会はよいものではない)
- young people don't read much today(今日，若者はあまり読書をしない)
- too many people live in urban areas(あまりにも多くの人々が都市部に住んでいる)
- Japanese workers work long hours(日本人労働者は長時間働く)

語句と語法のガイド

express [ɪksprés]	動 ～を言い表す ▶ expression 名 表現
duty [djú:ti]	名 義務
urban [ə́:rbən] 発音	形 都市の ▶ 反 rural 形 田舎の

解答例
A: It is said that young people don't read much today. What do you think?
(今日，若者はあまり読書をしないと言われています。あなたはどう思いますか。)
B: Maybe it's true, because young people today have more fun things to do thanks to the internet. As for me, I'm so busy that I have no time to read. How about you?(多分本当です。なぜなら今日の若者はインターネットのおかげでより多くの楽しいことがあるからです。私としては，とても忙しいので読書をする時間が全くありません。あなたはどうですか。)
A: I don't think that's right. If comic books and online articles are included, they read a lot, I think.(私は正しいとは思いません。もし漫画やオンライン記事を含めれば，彼らはたくさん読んでいると思います。)

③ あなたは，いとこから聞いたことをパートナーに話しています。会話の下線部の語句を自分の言葉で言いかえて，自分ならどんな会社で働きたいかを伝え合ってみましょう。答えるときは理由や具体例を加えてみよう。

（！ヒント） ➡ EB Ⓐ

・いとこから聞いたことは，My cousin told me that ～. という間接話法の形で，パートナーに伝える。人称代名詞と時制に注意すること。

・どんな会社で働きたいかは，I want to work for a company ～. と言えばよい。company の後には，関係代名詞 which[that]や関係副詞 where などを使えばよい。

⇨ I want to work for a company that promotes flexible working in terms of time and location.(私は時間と場所という側面で柔軟な働き方を推進している会社で働きたいです。)

(例)

You: My cousin **told me** that _________.(いとこは私に～と言いました。)

Your partner: That sounds good. What kind of company would you like to work for?(それはよさそうですね。あなたはどんな会社で働きたいですか。)

You: I want to work for a company that has workers from different backgrounds. How about you?(私はさまざまな経歴を持つ従業員がいる会社で働きたいです。あなたはどうですか。)

Your partner: I want to work for a company that has branches overseas. I hope to work in Singapore.(私は海外に支社のある会社で働きたいです。私はシンガポールで働きたいです。)

語句と語法のガイド

promote [prəmóʊt]	動 ～を促進する ▶ promotion 名 促進
flexible [fléksəbl]	形 柔軟な ▶ flexibility 名 柔軟性
in terms of ～	熟 ～に関して，～の観点から
location [loʊkéɪʃən]	名 場所，所在地
background [bǽkgràʊnd]	名 背景，経歴
branch [bræntʃ]	名 支社，支店，(木の)枝
overseas [òʊvərsíːz]	副 海外に[へ] ▶ 形 海外(から)の

(解答例)

You: My cousin told me that her company was racially diverse.
(いとこは私に彼女の会社は人種的に多様であると言いました。)

Your partner: That sounds good. What kind of company would you like to work for?(それはよさそうですね。あなたはどんな会社で働きたいですか。)

You: I want to work for a company where I can work at home using the internet. How about you?(私はインターネットを使って自宅で勤務できる会社で働きたいです。あなたはどうですか。)

Your partner: I want to work for a company that pays good salaries. I want to save money and set up my own company in the future.(私は給料のよい会社で働きたいです。お金をためて，将来，自分自身の会社を設立したいです。)

Expressing

STEP 1

問題文の訳

あなたはレポーターで,2つの異なる働き方についての話を聞いています。下のワークシートにメモをとりなさい。

！ヒント

それぞれの working styles(働き方)に関して，positive aspects(肯定的な側面)と negative aspects(否定的な側面)を聞き取る。

focus on ～(～に集中する)，interruption(妨害，中断)，distraction(気を散らすもの)，interact(交流する)，don't have to commute(通勤の必要がない)，communicating with your colleagues(同僚とコミュニケーションをとること)

STEP 2

問題文の訳

上のメモを使って，会話を要約しなさい。

！ヒント

- There are two styles of working.(2つの働き方があります。)という文で書き始める。
- 異なる働き方のそれぞれに，肯定的な側面と否定的な側面があるということを，Both of them have positive and negative aspects.(それらの両方ともに肯定的な側面と否定的な側面がある。)といった文で述べる。
- その後，ワークシートに書き取ったキーワード／キーフレーズを使って，肯定的な側面と否定的な側面の内容を書けばよい。

STEP 3

問題文の訳

ペアまたはグループで，あなたが働きたいと思う職場環境について話し合いなさい。

！ヒント

囲みの中にある，working time(労働時間)，place(場所)，money(お金)，colleagues(同僚)といったことについて話し合うとよい。

発言例

- I prefer a company which has a flexible working time system.
(私はフレックスタイム制の会社の方が好きです。)
- I would like to work for a company which allows me to work from home.
(私は自宅で働くことを許してくれる会社で働きたいと思います。)
- I want to get a job with a higher salary. I think that a low salary will lead to a drop in motivation.(私はより高い給料の仕事に就きたいです。低い給料はモチベーションの低下につながると思います。)
- I hope to work in a company where I can get along well with my colleagues. I really don't want to be troubled by difficult relationships in the workplace.
(私は同僚と仲良くすることができる会社で働きたいです。本当に職場のこじれた人間関係で悩まされたくないと思います。)

Logic Focus

音声による英文のポイントをつかんで要約をするには，繰り返し出てくるキーワードを聞き取り，話の大きな流れを把握し，話し手の主張をつかむことが大切である。音声の場合は，書かれた文章にあるような改行や段落分けによって内容のまとまりをつかむことはできないので，つなぎの言葉や話の展開を示す言葉に注意を払い，英文の流れやポイントを理解する必要がある。リスニングの際は，メモをとることが有効である。

■リスニングの要点・要約を書く手順

リスニングのコツ

①繰り返し登場する語句を聞き取る → 英文のトピックやキーワードをつかむ。
②つなぎの言葉や話の展開を示す言葉に注意する → 話の流れをつかむ。
③主題文や結論文を聞き取る → 話し手の主張をつかむ。

メモのコツ

聞き取ったままをすべてを書こうとせず，鍵となる語句のみをすばやくメモする。その際，行を変えてどんどん下に続ける。矢印や括弧などの記号を使って図示してもよい。

要約のコツ

メモにもとづき，要点を含んだ短い英文を作る。音声の英文と同一の表現を用いる必要はない。具体例や詳しい説明の部分は省く。

問題文の訳

1. 日本の教育制度の目的についてのプレゼンテーションを聞きなさい。下のメモを完成させなさい。

！ヒント

● Japan aims to provide ～ educational opportunities for every student.
（日本はすべての生徒に～な教育の機会を与えることを目指しています。）
→ by considering ～ of students（生徒の～を考慮することによって）
・students who need ～（～が必要な生徒）
・students from a variety of ～ backgrounds（さまざまな～の背景を持った生徒）
・students with different ～（さまざまな～のある生徒）

問題文の訳

2. 聞いたことを要約しなさい。

要約例の訳

日本はすべての生徒に等しい教育機会を提供することを目指しています。生徒が必要としていることや背景を考慮することによってこのことが実現できます。私たちは特別な支援が必要な生徒，さまざまな人種的，民族的な背景を持った生徒，そして異なる宗教や性的指向を持つ生徒を受け入れる必要があります。

補充問題

1 次の2文がほぼ同じ意味になるように，(　　)に適切な語を入れなさい。

1. He said to me, "I saw you near the station yesterday."
   He (　　　　) me that (　　　　) (　　　　) (　　　　) (　　　　) near the station the day before.
2. They said to me, "Don't take photos in this building."
   They (　　　　) me (　　　　) (　　　　) (　　　　) photos in this building.
3. Emily said to me, "Please close the door."
   Emily (　　　　) me (　　　　) (　　　　) the door.
4. They say that the world is becoming smaller and smaller.
   It (　　　　) (　　　　) that the world is becoming smaller and smaller.

2 日本語に合うように，(　　)内の指示に従って，下線部に適切な語句を補いなさい。

1. その女の子は「お金を全く持っていません」と言いました。((a)は直接話法，(b)は間接話法)
   (a) The girl said, "______________________________."
   (b) The girl said ______________________________.
2. 彼は私に「あなたはどこに住んでいますか」と尋ねました。((a)は直接話法，(b)は間接話法)
   (a) He said to me, "______________________________?"
   (b) He ______________________________.
3. その先生は彼女に，すぐに家に帰ったほうがよいと助言しました。(5語で)
   The teacher ______________________________ right away.
4. 彼らは私がボランティアに参加するよう提案しました。(6語で)
   They ______________________________ the volunteer work.
5. ある調査によると，高校生の約90パーセントがスマートフォンを使います。(survey，smartphones を使って)
   ______________________________.

3 忙しい毎日の中であなたが気持ちや体を休めるためにすること，あるいはしたいことについて60語程度の英文を書きなさい。

____

____

____

____

Build Up 4 前置詞

解説

1 前置詞の使い方

形容詞・副詞の働きをする

〈**前置詞＋名詞[代名詞]**〉のまとまりで**形容詞・副詞**の働きをする。

①1. The cake **in** the refrigerator is Meg's.(冷蔵庫の中のケーキはメグのものです。)
名詞を修飾する形容詞の働き

2. Put the cake **in** the refrigerator .(ケーキを冷蔵庫に入れてください。)
動詞を修飾する副詞の働き

群前置詞

2語以上の語がまとまって前置詞として働く。熟語として覚えるとよい。

② The game was canceled **because of** the heavy rain.(大雨で試合は中止になった。)

原因・理由	□ because of / due to(～のために) □ thanks to(～のおかげで)
目的	□ for the sake of(～のために) □ for fear of *do*ing(～しないように)
観点・視点	□ as for / with regard[respect] to / in relation to(～に関して) □ according to(～によると，～にしたがって)
手段・経路	□ by means of(～によって)
数量・範囲	□ up to((最大)～まで)
場所・空間	□ in front of(～の前に) □ ahead of(～の前方に)
その他	□ in spite of(～にもかかわらず) □ instead of(～の代わりに)

群動詞

〈**動詞＋前置詞**〉で**他動詞**の働きをする。

③ Kevin is **looking for** the key. (ケビンは鍵を探している。)
⇨ He is **looking into** the murder case. (彼はその殺人事件を調査している。)
⇨ Dad is **looking after** the baby. (パパが赤ん坊の世話をしている。)

□ ask for(～を求める) □ call for(～を必要とする，～を求める)
□ stand for(～を表す) □ come across(～に出くわす) □ deal with(～を扱う)
□ get over(～を克服する) □ care for(～の世話をする)
□ take after(～に似ている) □ hear from(～から便りがある)

接続詞としても使われる

before や after のように，同じ単語でも前置詞としてだけではなく接続詞としても扱うことのできる語がある。

④**1.** I went to bed **before** ten last night.［前置詞］（私は昨夜，10 時前に寝た。）

2. I went to bed **before** my father(S) came(V) home.［接続詞］（私は父が帰ってくる前に寝た。）

2 間違えやすい前置詞

時間を表す at・on・in

at は時刻など「**時の一点**」を表すときに使われる。

at three（3 時に），at night（夜に），at the end of this month（今月末に）

on は曜日・日付など「**ある特定の決まった日時**」を表すときに使われる。

on August 3（8 月 3 日に），on Christmas（クリスマスに），on Monday（月曜日に）

in は月・季節・年・時間帯など「**幅のある時間**」を表すときに使われる。

in July（7 月に），in fall（秋に），in 2014（2014 年に），in the morning（午前中に）

①**1.** ⇨ I was born **at** 8 p.m. **on** May 14th **in** 2008.
（私は 2008 年 5 月 14 日午後 8 時に生まれた。）

2. ⇨ I'll call you **in the afternoon**.（午後に電話します。）

《注意》 today などの副詞や，every, last, next, this などを伴う「時」の表現には前置詞は付けない。

3. ⇨ My brother will be 12 years old **tomorrow**.（明日，私の弟は 12 歳になります。）

4. ⇨ I'm going to see my aunt **this weekend**.（この週末，おばと会う予定です。）

期限を表す by，継続を表す until［till］

by は「**～までに**」と**期限**を表す。

②**1.** ⇨ I have to hand in my homework **by** Friday.
（金曜日までに宿題を提出しなければならない。）

until［**till**］は「**～まで（ずっと）**」と**継続の終了点**を表す。

2. ⇨ I studied for the exam **until** midnight.
（私は試験のために夜中の 12 時までずっと勉強した。）

期間を表す for・during・in

for は具体的な数字を伴った期間を表す。

③**1.** ⇨ I talked with Jim **for** ten minutes on the phone.
（私はジムと電話で 10 分間話をした。）

during は vacation や trip などの具体的な期間を表す語を伴い，ある出来事が「特定の期間」に起こることを示す。

2. ⇨ Jim called me **during** the meeting.（ジムは会議中に電話をかけてきた。）

〈**in** ＋数字を伴った期間〉は「（今から）**～後に**」という意味を表す。

3. ⇨ I'll call you back **in** ten minutes.（（今から）10 分後にかけ直します。）

《注意》while も期間を表す語だが接続詞なので，後ろに節（主語＋動詞）がくる。

4. ⇨ Jim called me **while** I(S) was taking(V) a bath.（風呂に入っている間にジムが電話をかけてきた。）

Practice

あなたは過去にできなかったことについてクラスメートと話しています。下線部に適当な理由を入れ，会話を完成させよう。理由を述べる際には，下記の前置詞句のいずれかを使いましょう。

because of / due to / thanks to

（！ヒント）
理由を述べるときに使う前置詞句(群前置詞)を確認すること。because of ～(～のために) / due to ～(～のために) / thanks to ～(～のおかげで)

(例)

1. A: I heard you had a soccer game last week. Did your team win?
(先週サッカーの試合があったと聞いたわ。あなたのチームは勝ったの。)
B: Unfortunately, last week's game was canceled **due to** the weather. It rained really hard and the lightning didn't stop.(あいにく先週の試合は天候のために中止になったんだ。雨が本当に激しく降って，雷が止まらなかったよ。)
A: I'm very sorry to hear that.(それを聞いて気の毒に思うわ。)

2. A: You could have come to the party that day! Why didn't you come?
(あの日パーティーに来れただろうに。なぜ来なかったんだい。)
B: I wanted to, but I couldn't **because of** the English test on Monday. I needed my brother's help.(行きたかったんだけど，月曜日の英語のテストのために行けなかったの。兄の助けが必要だったの。)
A: OK. How did it go?(そうなんだ。テストはどうだったの。)
B: **Thanks to** my brother's help, I was able to pass the test. He helped me a lot.
(兄の助けのおかげで，テストに合格したわ。彼はとても助けてくれたの。)

（解答例）

1. A: I heard you went to a concert last Sunday. How was it?(この前の日曜日コンサートに行ったと聞いたわ。どうだったの。)
B: Unfortunately, all the trains were delayed due to an accident. When I arrived at the hall, they were singing the last song.(あいにく事故のためにすべての電車が遅れたんだ。僕がホールに着いたときには,彼らは最後の歌を歌ってたよ。)
A: That's too bad.(お気の毒に。)

2. A: You shouldn't have missed the chance! Why didn't you go on a picnic with Tom?(機会を逃すべきでなかったのに！ なぜトムとピクニックに行かなかったんだい。)
B: I couldn't join him because of a headache. I'd been looking forward to it.
(頭痛のせいで参加できなかったの。ずっと楽しみにしてたのに。)
A: Sorry to hear that. Are you all right now?
(それを聞いて残念に思うよ。今は大丈夫かい。)
B: Thanks to my mother, I've got better. She made some special soup for me.
(母のおかげで，よくなったわ。私のために特別なスープを作ってくれたの。)

補充問題

1 日本語に合うように，(　　)に適切な語を入れなさい。

1. そちらが送付された請求書に関して2，3質問があります。
   I have a few questions with (　　　　) (　　　　) the bill you sent me.
2. 彼らは悪条件にもかかわらず，試合に勝つために最善を尽くしました。
   (　　　　) (　　　　) (　　　　) the bad conditions, they did their best to win the game.
3. 彼の努力のおかげで私たちはその仕事を終えることができました。
   (　　　　) (　　　　) his efforts, we were able to finish the job.
4. 我々はその列車事故の原因を調査中です。
   We are (　　　　) (　　　　) the cause of the train accident.
5. 私たちにとって言葉の壁を乗り越えることは容易ではありません。
   It is not easy for us to get (　　　　) a language barrier.
6. 昨日，私は本屋で古い友人に偶然会いました。
   Yesterday I came (　　　　) an old friend at the bookstore.

2 (　　)に適切な前置詞を入れなさい。

1. I called and asked him (　　　　) some advice.
2. There is a flower shop (　　　　) front (　　　　) the hospital.
3. Please call me back (　　　　) fifteen minutes.
4. The Statue of Liberty stands (　　　　) the friendship between America and France.
5. I waited for you (　　　　) three o'clock yesterday.
6. Yesterday, I received a letter written (　　　　) July 13.

3 次の日本語を英文に直しなさい。ただし，(　　)内の語句を使うこと。

1. 7時までは，ナミが妹の面倒を見ます。(look)
   ____
2. 東京滞在中に，あなたはどこへ行きたいですか。(stay)
   ____
3. 今週末，ジャックは車を修理店に持って行くつもりです。(repair shop)
   ____
4. 彼は家族のために朝から晩まで働きました。(sake)
   ____

Lesson 9 What if you were rich?

Topic Introduction

①**If** you **won** one billion yen in the lottery, what **would** you **do**? ②There are two things I **would do**. ③First, I **would live** in many countries. ④My future dream is to work in the global community. ⑤To make it come true, I want to learn about cultures in these countries. ⑥Second, I **would donate** a lot of money to help people in need. ⑦I have always wished for world peace. ⑧I **wish** I **were** really rich.

①もし宝くじで10億円が当たったら，何をするでしょうか？②私なら，2つのことをすると思います。③まず，たくさんの国に住むでしょう。④私の将来の夢は国際社会の中で働くことです。⑤それを実現するためには，これらの国の文化を学ぶ必要があります。⑥次に，困っている人を助けるために，多くのお金を寄付すると思います。⑦私はいつも世界の平和を願ってきました。⑧本当にお金持ちだったらいいのになぁ。

語句と語法のガイド

billion [bíljən]	形 10億の ▶ 名 10億 ▶ million 形 100万の
lottery [lá(:)təri]	名 宝くじ
community [kəmjú:nəti] アクセント	名 共同社会，地域社会
come true	熟 実現する
donate [dóuneit]	動 ～を寄付する ▶ donation 名 寄付
in need	熟 困って
wish for ～	熟 ～を望む

解説

① **If you won one billion yen in the lottery, what would you do?**
仮定法過去の文。EB4

② **There are two things I would do.**
things と I の間に目的格の関係代名詞が省略されている。
would do は仮定法。EB4

③ **First, I would live in many countries.**
前文で「2つのことをする」と述べている。First(まず)で1つ目を述べ，2つ目を⑥で述べている。
would live は仮定法。EB4

⑤ **To make(V) it(O) come true(C), I want to learn about cultures in these countries.**

it は前文④の my future dream を指す。

⑥ **Second, I would donate a lot of money to help people in need.**
would donate は仮定法。EB4
in need は people を修飾している。

⑧ **I wish I were really rich.**

〈I wish ＋仮定法〉の文。実現が困難な願望を表している。 EB7

Listening Task

Circle T for True or F for False. （正しければT, 間違っていればFに○をつけなさい。）

！ヒント

1. 著者の将来の夢はお金持ちになることか。(→④)
2. 著者は外国の文化についてもっと知りたいと思っているか。(→③④⑤)
3. 著者は貧しい人々を助けたいと思っているか。(→⑥)

Example Bank

仮定を表す

A　直説法

1. **If** it **is** fine tomorrow, I **want** to have a barbecue.
（もし明日，晴れたら，バーベキューをしたい。）
2. **If** you **go** to a foreign country, you **can learn** firsthand about the culture.
（もし外国に行けば，あなたはその文化について直接，学ぶことができる。）

解説

条件を表す if

1. 2. **if** は「**もし…ならば**」という意味を表す。文頭にある場合，主節の前にコンマを置くのが一般的である。次のように if 節を後ろに置くこともある。

⇨ Please let me know **if** you need any help.
（もし何かお手伝いが必要でしたら，お知らせください。）

《注意》条件を表す副詞節では，未来のことであっても現在形を用いる。

⇨ **If** it **rains** tomorrow, we will stay home.（もし明日雨なら，私たちは家にいるつもりです。）
× *will rain*

直説法と仮定法

英語では事実をそのまま表す時に用いる動詞の形を**直説法**，現実に反することや実際に起こりそうにないことを表す時に用いる動詞の形を**仮定法**という。

B　仮定法

3. **If** you **were** a foreign tourist, where in Japan **would** you **visit**?
（もしあなたが外国人観光客だったなら，日本のどこを訪れますか。）
4. **If** you **went** to the moon, what **would** you **do**?
（もし月に行ったら，何をしますか。）
5. I **could have had** a chance to study abroad **if** I **had studied** harder.
（もしもっと勉強していたなら，留学に行く機会を得ることができていたのに。）
6. **If** he **hadn't saved** enough money, he **wouldn't be** here in Norway now.
（もし十分なお金を貯めていなかったなら，彼は今ここノルウェーにいなかっただろう。）

解説

仮定法過去

3. 4.「**もし**(今)**～ならば，…だろうに**」と仮定して**現在の事実と違う**ことを表す場合，現実の時制より 1 つ過去にずらし過去形が使われる。これを**仮定法過去**という。

①if 節の動詞には**過去形**を用いる。

②主節には**助動詞の過去形**が使われる。

●仮定法過去の基本形

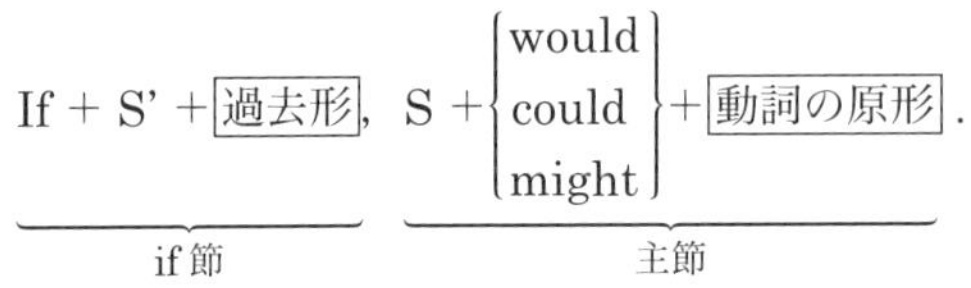

《注意》仮定法過去の文で，if 節が be 動詞の場合は主語の人称に関係なく **were** を使うが，口語では主語が 1 人称，3 人称で単数の場合は was も使われる。

仮定法過去完了

「**もし**(あの時)**～だったなら，…だっただろうに**」と，**過去の事実と違う**こと，実際に起こらなかったことを仮定して述べる場合，時制を過去よりさらに過去にずらして，過去完了形が使われる。これを**仮定法過去完了**と呼ぶ。

①if 節の動詞には**過去完了形〈had ＋過去分詞〉**を用いる。

②主節には〈**助動詞の過去形＋ have ＋過去分詞**〉がくる。

●仮定法過去完了の基本形

If + S' + 過去完了形, S + {would / could / might} + have ＋過去分詞 .

(if 節)(主節)

5. 過去形の否定文を使って，「現実」を次のように表すことができる。

➡ I **didn't study** very hard, so I **couldn't have** a chance to study abroad.
(あまり勉強していなかったので，留学に行く機会を得ることができませんでした。)

if 節と主節で時制が異なる場合

6. **if 節は仮定法過去完了**で過去の事実と違うことを，**主節は仮定法過去**で現在の事実と違うことを述べている。「**もし**(あの時)**～だったなら，**(今)…**だろうに**」の意味になる。「現実」は次のように表すことができる。

➡ He **saved** enough money, so he **is** here in Norway now.
(十分なお金を貯めたので，彼は今ここノルウェーにいます。)

C その他の仮定

7. I **wish** I **could save** people around the world from poverty.
(世界中の人々を貧困から救えたら良いのに。)

8. **If** you **were to live** abroad, which country **would** you **like** to live in?
(もし外国に住むことになったら，あなたはどの国に住みたいですか。)

9. He acted **as if** he **had been** in England for a long time.
(彼は長い間イングランドにいたかのように振舞った。)

10. **Without** my family's support, I **couldn't have studied** abroad.
(家族の助けなしでは，私は留学することができなかった。)

解説

wish を使った仮定法

7. 〈**I wish ＋仮定法過去**〉で「**～であればよいのに**」と，現実に反したり実現が困難な願望を表すことができる。I wish に続く節の時制を過去にする。ここでは「世界中の人々を貧困から救えなくて残念だ」という主語の気持ちが含まれている。
wish に続く節で**仮定法過去完了**を用いると，「**～だったらよかったのに**」という過去において実現しなかったことへの願望を表すことができる。
⇨ **I wish I hadn't bought** these shoes.(この靴を買わなければよかったなあ。)
➡ **I'm sorry I bought** these shoes.(残念ながら，私はこの靴を買ってしまいました。)
…「現実」のこと

〈If S' were to ＋動詞の原形〉

8. 〈**If ＋ S' ＋ were to ＋動詞の原形**〉で「**仮に～するとしたら**」と，実現の可能性がゼロの場合から，可能性がある場合まで，話者のさまざまな想定を表す。

If ＋ S' ＋ were to ＋ 動詞の原形, S ＋ {would / could / might} ＋ 動詞の原形 .
(if 節: If ＋ S' ＋ were to ＋ 動詞の原形 ／ 主節: S ＋ {would / could / might} ＋ 動詞の原形)

➕ were to ～は，「もし～が起きたら[になったら，と言ったら]」などと，議論上の仮定を表す。よく用いられる動詞に，happen，say，ask，meet，die などがある。
⇨ **If** a nuclear war **were to happen**, human beings **would become** extinct.
(もし核戦争が起きたら，人類は絶滅するでしょう。)

〈If S' should ＋動詞の原形〉

〈**If S' should ＋動詞の原形**〉は「**万一～すれば**」という意味で，実現の可能性がきわめて低い場合に用いられる。「まずあり得ないだろうが」というニュアンスになる。

If ＋ S' ＋ should ＋ 動詞の原形, S ＋ {would / could / might / will / can / may} ＋ 動詞の原形 .
(if 節: If ＋ S' ＋ should ＋ 動詞の原形 ／ 主節: S ＋ {would / could / might / will / can / may} ＋ 動詞の原形)

⇨ **If** he **should change** his mind, he **would let** us know.
(万一，気が変われば，彼は私たちに知らせるでしょう。)

as if を使った仮定法

as if の節で**仮定法過去**を用いると，「**まるで～のように**」という主節の時制と同じ時の事実とは異なる状況や空想を表す。
⇨ He treats me **as if** I **were** a little child.(彼はまるで私を幼い子どものように扱います。)

9. as if の節で**仮定法過去完了**を用いると，「**まるで～したかのように**」という主節の時制よりも前の事実とは異なる状況や空想を表す。
He acted **as if** he had been in England for a long time.
↑主節(He acted)より前のこと

➕ as if は **as though** を用いても同じ意味を表す。

➡ He acted **as though** he had been in England for a long time.

〈It's time ＋仮定法過去〉

〈**It's time ＋仮定法過去**〉で「**もう〜してもよいころだ**」という意味。

⇨ It's **time** you **started** to think about your future.
（あなたは，自分の将来について考え始めてもいいころです。）

〈without ＋名詞〉

10. 〈**without ＋名詞**〉で if 節と同じ働きをする。主節の動詞が仮定法過去の場合は「（今）**〜がなければ**」，仮定法過去完了の場合は「（あの時）**〜がなかったなら**」の意味になる。この表現では，主節の時制によって現在のことか過去のことかを判断する。

〈**If it were not for 〜**〉は「**もし〜がなければ**」，〈**If it had not been for 〜**〉は「**もし〜がなかったなら**」という意味。どちらも，without 〜や but for 〜で表すことができる。but for 〜は文語的な表現。

⇨ **If it were not for**［**Without, But for**］this computer, I **could not do** anything.（このコンピューターがなければ，私は何もできないでしょう。）

⇨ **If it had not been for**［**Without, But for**］his help, I **might have failed**.
（彼の助けがなかったなら，私は失敗していたかもしれません。）

〈with ＋名詞〉

with は without とは反対の意味を持ち，仮定法過去の場合は「（今）**〜があれば**」，仮定法過去完了の場合は「（あの時）**〜があったなら**」という意味を表す。

⇨ **With** a little more money, I **could buy** another coat.
（もう少しお金があれば，コートをもう 1 着買えるのに。）

➡ **If I had** a little more money, **I could buy** another coat.

⇨ **With** a little more time, I **could have finished** the work.
（もう少し時間があったならば，その仕事を終えることができたのに。）

➡ **If I had had** a little more time, **I could have finished** the work.

その他の if を使わない仮定法

otherwise は「**そうでなければ**」という意味の副詞。

⇨ I took a taxi, **otherwise** I **would have missed** the flight.
（私はタクシーに乗りました。そうしなかったら飛行機に乗り遅れていたでしょう。）

➡ **If** I **hadn't taken** a taxi, I **would have missed** the flight.

in *one's* place は「**もし〜の立場なら**」という意味の副詞句。

⇨ **In your place**, I **would have done** the same thing.
（もしあなたの立場だったなら，私も同じことをしたでしょう。）

➡ **If** I **had been** in your place, I **would have done** the same thing.

主語が「**〜であれば**」と仮定の意味を含むことがある。if 節のない文だが，〈主語＋would［could, might］＋ have ＋過去分詞〉なら仮定法過去完了で，過去の事実に反する仮定を表す。

⇨ **An honest man wouldn't do** such a thing.（正直な男性ならばそんなことはしないでしょう。）

➡ **If** he **were** an honest man, he **wouldn't do** such a thing.

Try it out!

1 (　　)に入る語を選び，英文を完成させましょう。必要であれば，適切な形に変えましょう。

！ヒント ➡EB2,3,5,6

1. ・if 節の動詞が現在形であることに着目する。仮定法ではない。
・「もし急がなければ，あなたは飛行機に乗り遅れるでしょう。」

2. ・主節に would があることに着目する。if 節は「もし私があなたなら」という仮定法過去の表現にする。
・「もし私があなたなら，私は卒業後すぐに海外留学することを選ぶでしょう。」

3. ・if 節の動詞が過去完了形であることに着目する。仮定法過去完了の文は，〈If ＋ S' ＋動詞の過去完了形，S ＋助動詞の過去形＋ have ＋過去分詞.〉。
・「もしケイトがその地域についてもっと知っていたなら，よりよい現地のレストランで食事することができたでしょう。」

4. ・主節の動詞が〈助動詞の過去形＋動詞の原形〉であることに注目する。内容的に，if 節は過去の事実と違うことを，主節は現在の事実と違うことを述べていると考える。
・「もしケイが外国を訪れることにもっと興味を持っていたなら，より上手に英語を話すことができるでしょう。」

語句と語法のガイド

flight [flaɪt] 発音	名 航空便，フライト
local [lóʊkəl]	形 現地の，地元の

練習問題① (　　)に入る語を選び，英文を完成させましょう。必要であれば，適切な形に変えましょう。

1. If it rains tomorrow, we will (　　　　) our plans.
2. If I (　　　　) in your position, I would (　　　　) to the festival at once.
3. If he had studied English more, he could (　　　　) more foreign friends during the trip.
4. If she (　　　　) the flight, she would be in Paris now.

go / catch / make / change / be

練習問題② 日本語に合うように，下線部に適切な語句を補いましょう。

1. 先生がいなかったら，私たちはその問題を解決できなかったでしょう。
Without the teacher, we ________ the problem.
2. 昨夜雨が降らなかったら，テニスをしているのですが。
If it ________ last night, I would be playing tennis.
3. スペイン語が話せたらなあ。
I ________ Spanish.
4. 私はその時，先約がありました。そうでなければ彼と一緒に行けたのに。
I had an appointment then; otherwise I ________.

2 あなたが海外に住むことになったと想定して，クラスメートと話しています。下線部の語句を自分の言葉に言いかえて，自分の考えや具体例を伝えましょう。例のように，仮定法を使って答えてみよう。

！ヒント ➡EB Ⓐ Ⓑ Ⓒ

・〈If you had a chance ..., ～〉は,「もし(今)～ならば, …だろうに」という意味の仮定法過去。〈If ＋ S' ＋過去形, S ＋助動詞の過去形＋動詞の原形.〉という形に注意。

・If you were to give a presentation ..., ～は「仮に～するとしたら, …だろう」という意味を表す。〈If ＋ S' ＋ were to ＋動詞の原形, S ＋助動詞の過去形＋動詞の原形.〉という形に注意。

A: **If** you **had** a chance to live overseas for a year, where **would** you **live**?
(もし1年間海外に住む機会があれば, あなたはどこに住むでしょうか。)

B: (例) I **would choose** to stay in Germany. I want to watch German football league matches every week.(私はドイツに住むことを選ぶでしょう。毎週ドイツのサッカーリーグ戦を見たいです。)

A: **If** you **were to give** a presentation about Japan in a high school in Germany, what **would** you **talk** about?(もし仮にドイツの高校で日本についてプレゼンテーションをするとしたら, あなたは何について話しますか。)

B: (例) I **would talk** about the convenience stores. It is said Japan's convenience stores are the most convenient, and they are everywhere in Japan.
(私はコンビニエンスストアについて話すでしょう。日本のコンビニエンスストアは最も便利だと言われていて, 日本のどこにでもあります。)

語句と語法のガイド

league [liːg] 発音	名 リーグ ▶ league match 熟 リーグ戦
convenience store	熟 コンビニエンスストア
convenient [kənvíːniənt] アクセント	形 便利な ▶ convenience 名 便利
everywhere [évrihwèər]	副 どこにでも

解答例

A: If you had a chance to live in a city in a foreign country for a month, where would you live?
(もし1カ月間, 外国の都市に住む機会があれば, あなたはどこに住むでしょうか。)

B: I would live in London. I would like to go to see musicals every day.
(私はロンドンに住むでしょう。毎日ミュージカルを見に行きたいです。)

A: If you were to give a presentation about Japan in a high school in London, what would you talk about?(もし仮にロンドンの高校で日本についてプレゼンテーションをするとしたら, あなたは何について話しますか。)

B: I would talk about Japanese anime movies. They are also popular abroad, so I would like to introduce some of my favorite movies.
(私は日本のアニメ映画について話すでしょう。それらは海外でも人気があるので, 私のお気に入りの映画をいくつか紹介したいです。)

3 クラスメートが留学先をどこにするか迷っています。表を見ながら国の長所を比較して, 提案しましょう。仮定法を使って理由や具体例を加えてみよう。

！ヒント ➡EB ⒶⒷⒸ

仮定法過去の形を再確認すること。

Country(国)	Major Advantages(主な長所)
Canada (カナダ)	meeting people with different cultural backgrounds(さまざまな文化的背景を持った人々に会う)/ various outdoor and sporting activities(さまざまな屋外活動やスポーツの活動)
New Zealand (ニュージーランド)	great natural beauty with a lot of animals(たくさんの動物がいる大自然の美しさ)/ one of the safest countries for foreigners(外国人にとって最も安全な国の1つ)
U.K. (イギリス)	various world-famous places(世界的に有名なさまざまな場所)/ amazing cities with unique characteristics(独自の特徴を持ったすばらしい諸都市)

(例) **If** I **were** you, I **would go** to Canada. **If** you **go** there, you **will meet** various kinds of people with different cultural backgrounds. It is one of the greatest advantages of studying abroad. Also, you **can enjoy** sports throughout the year. I think you can apply for a scholarship. **If** you **were** accepted, you **would** have more opportunities to study.
(もし私があなたならば，カナダに行くでしょう。もしあなたがそこに行けば，さまざまな文化的背景を持ったさまざまな人々に出会うでしょう。それは海外留学をする最大の長所の1つです。また，あなたは1年中スポーツを楽しむことができます。あなたは奨学金を申請できると思います。もし合格したら，あなたは勉強するためのより多くの機会を得るでしょう。)

語句と語法のガイド

advantage [ədvǽntɪdʒ] 発音 名 長所 ▶ 反 disadvantage 名 短所

sporting [spɔ́:rtɪŋ] 形 スポーツの

unique [ju:ní:k] 発音 形 独自の

characteristic [kæ̀rəktərístɪk] アクセント 名 (通例複数形で)特徴

解答例

If I were you, I would go to New Zealand. If you go there, you will enjoy great natural beauty with a lot of animals. It is one of the greatest advantages of staying in New Zealand. Also, you could make many friends with pcople from different cultural backgrounds. You can visit a lot of places with your new friends. New Zealand is one of the safest countries for foreigners, so you can always feel relaxed.
(もし私があなたならば，ニュージーランドに行くでしょう。もしあなたがそこに行けば，たくさんの動物がいる大自然の美しさを楽しむでしょう。それはニュージーランドに滞在する最大の長所の1つです。また，あなたはさまざまな文化的背景を持った多くの友達を作ることができるでしょう。あなたは新しい友だちと多くの場所を訪れることができます。ニュージーランドは外国人にとって最も安全な国の1つですから，あなたはいつもリラックスした気分でいられます。)

Expressing

STEP 1

問題文の訳

それぞれの人物の話を聞きなさい。彼らはどの国を訪れたいと思っていますか。なぜですか。下のボックスの中から国と理由を組み合わせ，表を完成させなさい。

！ヒント

それぞれの人物が訪れたい国とその理由を聞き取る。

a. to learn language(言語を学ぶ)，b. to learn about art(芸術について学ぶ)，c. to learn about pop culture(大衆文化について学ぶ)

STEP 2

問題文の訳

あなたが宝くじに当たって大金持ちになったと仮定しましょう。あなたは何をするでしょうか。次の表を埋めなさい。あなたの考えをクラスメートと共有しなさい。

！ヒント

左側に Things you would do(あなたがするであろうこと)，右側に Reasons(理由)を書く。
(例)live in Hollywood(ハリウッドで暮らす)／I love Hollywood movies.(ハリウッド映画が大好きである。)

解答例

あなたがするであろうこと：build a house(家を建てる)

理由：I can stay home, doing only what I like.(好きなことだけをして家にいられます。)

STEP 3

問題文の訳

1. 上のリストからあなたがするであろう２つのことを選びなさい。
2. あなたはなぜこれらをするのでしょうか。

！ヒント

(例)

1. live in Hollywood(ハリウッドで暮らす), traveling around Europe(ヨーロッパを旅して回る)
2. If I won the lottery, I would live in Hollywood. Because I love Hollywood movies, I want to live like the movie star. Then, I would travel around Europe. I want to watch soccer games in each European country.(もし宝くじに当たったら，私はハリウッドで暮らすでしょう。ハリウッド映画が大好きなので，私は映画スターのように暮らしたいです。そして，私はヨーロッパを旅して回るでしょう。私はヨーロッパ各国でサッカーの試合を観戦したいです。)

解答例

1. build my house(私の家を建てる), build a new theme park(新しいテーマパークを作る)
2. If I won the lottery, I would build a house full of comic books and video games. I could stay home, doing only what I like. Then, I would build a new theme park, like Universal Studios Japan. I could spend time with my favorite characters whenever I want to. (もし宝くじに当たったら，私は漫画本とビデオゲームだらけの私の家を建てるでしょう。好きなことだけをして家にいられるでしょう。そして，私はユニバーサルスタジオジャパンのような，新しいテーマパークを作るでしょう。私は好きなときにいつでもお気に入りのキャラクターと一緒に過ごせるでしょう。)

Logic Focus

■スピーチとは

スピーチは複数の人に対して口頭で自分の考えを表明したり，出来事を描写したりする活動である。スピーチの目的や対象によって，さまざまな形があるが，ここでは簡単なメモ書きを見ながら行う形のスピーチについて解説する。

■スピーチの準備

●箇条書きを作る

まず，テーマに沿って話す内容の箇条書きを作成する。話す内容をそのまま文にして書くと，読み上げることに集中してしまうので，必要な項目のみをリストアップする。複雑な部分については，一文にしておいてもよい。

テーマ　もし宝くじで大当たりをしたら，あなたはどうしますか。
主題　私なら海外の国々で長期間を過ごすでしょう。
詳細①　まず，私ならハリウッドに家を買うでしょう。
説明①　私が憧れる映画スターのようにハリウッドで暮らす。
詳細②　次に，ヨーロッパの国々を旅して回るでしょう。
説明②　それぞれの国でサッカーの試合をスタジアムで生観戦する。

●伝え方を意識する

□大きな声ではっきりと発音する。 □内容に合わせて強弱をつける。(重要なところは強くゆっくり話す。)
□早口にならない。 □聴衆の方に目線を送る。(メモ書きばかりを見ない。)

Let's try

問題文の訳　あなたのスピーチのために次の文脈に合う原稿を書きなさい。

！ヒント　上記の例を参考に，原稿を作成する。箇条書きでよい。

解答例

テーマ
What would you do if you won a big lottery prize?(もし宝くじで大当たりをしたら，あなたはどうしますか。)

主題
I would buy an island and build two things for myself.
(私なら島を買って，自分自身のために２つのものを作るでしょう。)

詳細①
First, I would build a house full of comic books and video games.
(まず，私なら漫画本とビデオゲームだらけの私の家を建てるでしょう。)

説明①
to stay home, doing only what I like(好きなことだけをして家にいる)

詳細②
Second, I would build a new theme park, like Universal Studios Japan.
(次に，ユニバーサルスタジオジャパンのような，新しいテーマパークを作るでしょう。)

説明②
to spend time with my favorite characters whenever I want to
(好きなときにいつでもお気に入りのキャラクターと一緒に過ごす)

あいさつ　Thank you for your attention.(ご清聴ありがとうございました。)

補充問題

1 (　　)内の語句を並べ替えて英文を完成させなさい。

1. (need / if / more / information / you), please let me know.
   ______________________________, please let me know.
2. If (were / I / place / in / your), I would do the same thing.
   If ______________________________, I would do the same thing.
3. (had / if / I / money / more), I could buy another mobile phone.
   ______________________________, I could buy another mobile phone.
4. If I had arrived a little earlier,(caught / have / I / could / the train).
   If I had arrived a little earlier, ______________________________.
5. (were / refuse / to / if / she / the offer), who would accept it?
   ______________________________, who would accept it?

2 日本語に合うように，下線部に適切な語句を補いなさい。

1. もしあなたが今朝，電話をくれていなかったら，私はまだ寝ているでしょう。
   If you ______________________, ______________________ in bed.
2. 英語がもっと上手に話せたらなあ。
   I ______________________________.
3. 彼女はまるで幽霊を見たかのように真っ青でした。
   She was ______________________________.
4. あなたの助けがなかったら，私は宿題を終えることができなかったでしょう。
   ______________________, ______________________ my homework.

3 環境と健康の視点から，サイクリングについてのあなたの意見を 60 語程度の英文で書きなさい。

____
____
____
____

Lesson 10 How might AI affect our lives?

Topic Introduction

①**Some** people worry that AI will take our jobs. ②Is AI our enemy? ③Historically, technological developments have already changed the workplace. ④In **some** areas, there were **a large number of** people who worked in agriculture. ⑤Now, only **a few** people do the work because **almost all** the work can be done by machines. ⑥People in these areas accepted the situation, and the introduction of machines brought profit. ⑦Now you can see that AI does not have to be our enemy. ⑧What is important is to find a way to co-exist with technology.

①AIが私たちの仕事を奪うのではないかと心配している人もいる。②AIは人間の敵だろうか。③歴史的には，科学技術の発展のために，私たちの職場はすでに変わってきている。④ある地域では，農業に従事する人々が多くいた。⑤今では，ほとんどすべての仕事を機械によって行えるため，わずかな人々しか農業に従事していない。⑥この地域の人々はその状況を受け入れ，機械の導入は利益をもたらした。⑦ここまで来れば，AIが敵でないことがわかるだろう。⑧重要なことは，科学技術と共存する方法を見つけることだ。

語句と語法のガイド

AI	略 人工知能（artificial intelligence [àːrtɪfíʃəl ɪntélɪdʒəns]の略）
enemy [énəmi]	名 敵
historically [hɪstɔ́(ː)rɪkəli] アクセント	副 歴史的に ▶ historical 形 歴史的な
development [dɪvéləpmənt]	名 発展 ▶ develop 動 発展する，～を発展させる
agriculture [ǽgrɪkʌ̀ltʃər] アクセント	名 農業
introduction [ɪ̀ntrədʌ́kʃən]	名 導入 ▶ introduce 動 ～を導入する
profit [prɑ́(ː)fət]	名 利益
co-exist [kóuɪgzíst]	動 共存する ▶ exist 動 存在する ▶ co- は「共同・共通」という意味の接頭辞。 (例)cooperate（協力する），coeducation（男女共学）

解説

① **Some people worry that AI will take our jobs.**

someは可算名詞にも不可算名詞にも用いられ，「(数が)いくつか」，「(量が)いくらか」あることを表す。 EB3

④ **In some areas, there were a large number of people who worked in agriculture.**

someは「いくつかの～」という意味。 EB3

〈a large[great] number of ＋可算名詞の複数形〉で「とても多くの～」という意味を表す。複数扱い。 EB5

⑤ **..., only a few people do the work because almost all the work can be done ....**

only a few は「ほんの少ししかない」の意味。**EB3**

almost all ～は可算名詞にも不可算名詞にも使うことができ，「たいていの～，大部分の～」という意味を表す。**EB4**

⑧ **What is important is to find a way to co-exist with technology.**
S V C

Listening Task

Circle T for True or F for False. （正しければT,間違っていればFに○をつけなさい。）

!ヒント

1. AIのために自分の仕事を失うことを心配している人たちがいるか。（→①）
2. 歴史的には，科学技術の発展は私たちの働き方を全く変えていないか。（→③）
3. いくつかの地域の人々は機械によって引き起こされた新たな状況を受け入れたが，多くの利益を得ることができなかったか。（→④⑤⑥）

Example Bank

数量を表す

A 可算名詞・不可算名詞

1. The robot can speak **three languages**.（そのロボットは3ヵ国語話せる。）
2. We can access **large amounts of information** with browsers.
（ブラウザを通してたくさんの情報にアクセスできる。）

解説

可算名詞・不可算名詞

英語の名詞には，大きく分けて「**可算名詞（数えられる名詞）**」と「**不可算名詞（数えられない名詞）**」の2種類がある。辞書では，可算名詞はⒸ（countable），不可算名詞はⓊ（uncountable）と表示されることが多い。

名詞の種類	説明と例
普通名詞Ⓒ	同種類のものに共通する名前（car, pen, phone, hotel, brother）
集合名詞Ⓒ，Ⓤ	集合体（グループ）を表す名前（family, people, police, furniture）
物質名詞Ⓤ	一定の形のない物質を表す名前（fire, gold, meat, money, paper, water）
抽象名詞Ⓤ	抽象的な概念を表す名前（advice, beauty, importance, news）
固有名詞Ⓤ	人名や地名などの固有の名前（Tom, Lucy, Picasso, Toyota, London）

可算名詞（数えられる名詞）

1. **可算名詞**とは，はっきりとした形や区切りを持つものを表す名詞。threeのような数を表す語は**数詞**と呼ばれる。

不可算名詞（数えられない名詞）

2. informationは**不可算名詞**。〈**large[great] amounts of＋不可算名詞**〉は「（量が）**たくさんの～**」という意味。
不可算名詞を数えるときに，〈**a piece of＋名詞**〉などが用いられる。
⇨ When I was in trouble, a friend of mine kindly gave me **a piece of advice**.
（私が困っていると，友人が親切に1つ助言をしてくれました。）

➕ 〈a piece of＋名詞〉の形をとる名詞には，news，evidence，information，paper，cake，bread，metal，wood，music などがある。名詞によって日本語は変わる。

可算名詞と不可算名詞の両方の使い方をする名詞

英語では，1つの名詞が数えられる名詞(可算名詞)としても，数えられない名詞(不可算名詞)としても用いられることがあるため，意味や文脈によって使い分ける必要がある。(⇒ Build Up 1 参照)

⇨ A lot of **papers** reported that the government will accelerate digitalization.
(多くの新聞が政府はデジタル化を加速するだろうと報じました。) …可算名詞 paper「新聞」

⇨ Thanks to digitalization, we can save a lot of **paper**.(デジタル化のおかげで，私たちは多くの紙を節約できます。) …不可算名詞 paper「紙」

B 数量を表す表現

3. Technology will improve dramatically within **a few** years.
(技術は数年のうちに劇的に進化するだろう。)

4. **Almost all** the students in this class use online dictionaries.
(このクラスのほとんどすべての生徒がオンライン辞書を使っている。)

5. **A number of** jobs are done by robots now.
(現在，いくつかの仕事がロボットによってなされている。)

6. Machine translation has made **a great deal of** progress.
(機械翻訳はかなりの進歩を遂げた。)

解説

数量を表す語句

あるものの量や数が多い・少ないといったことを伝えるには，形容詞を含む多くの表現がある。後ろにくる名詞が可算名詞か不可算名詞かによって，用いる語句が異なる場合があることに注意する。

many / much / a lot of ～

「多くの」を表す形容詞に many と much がある。**many** は**可算名詞**(複数形)に，**much** は**不可算名詞**(単数形)に使われる。肯定文の中で数や量が多いことを表す場合は，**a lot of ～**が用いられることが多い。可算名詞(複数形)にも不可算名詞(単数形)にも用いることができ，「(数・量が)多くの～」という意味になる。

⇨ There are **a lot of** *restaurants* in this area.

➡ There are **many** *restaurants* in this area.
(この地域にはたくさんのレストランがあります。)

⇨ We had **a lot of** *snow* in Tokyo last year.

➡ We had **much** *snow* in Tokyo last year.(昨年，東京ではたくさん雪が降りました。)

some / any

some と **any** は，可算名詞にも不可算名詞にも用いられ，「(数が)いくつか」，「(量が)いくらか」あることを表す。some は主に肯定文で，any は主に疑問文，if 節，否定文で用いられる。どちらも代名詞としても使える。

a few / a little

3.「少しの～」を表す形容詞に **few** と **little** がある。few は，可算名詞(複数形)とともに用いられ，〈**a few ＋可算名詞**〉「(数が)**少しの～，2，3 の～**」という意味。little は，不可算名詞とともに用いられ，〈**a little ＋不可算名詞**〉で「(量が)**少しの～**」という意味になる。

⇨ “Can I have **a little** help?” “Yes, sure.”(「少し助けてもらえますか。」「ええ，もちろん。」)

《注意》a few，a little はともに「少しある」という肯定の意味であるのに対して，a を伴わない few，little を用いた場合，「ほとんどない」と否定的な表現となる。

＋ only a few や only a little はともに「ほんの少ししかない」という否定的な意味になる。

⇨ **Only a few** people understood what I said.
(私の言うことを理解してくれた人はほんの少ししかいませんでした。)

⇨ **Only a little** money was left.(ほんの少しのお金しか残っていませんでした。)

almost all ～

4. **almost all ～**は可算名詞にも不可算名詞にも使うことができ，「**たいていの～，大部分の～**」という意味を表す。almost all ～は形容詞の **most** と同じ意味を表す。

⇨ **Almost all** children like sweets.

➡ **Most** children like sweets.(ほとんどすべての子どもは甘いものが好きです。)

every と all

every と **all** はどちらも「あらゆる～，すべての～」という意味だが，用法は異なる。every は〈every ＋**単数名詞**〉の形で「(3 つ以上，3 人以上の)**どの～も**」を意味し，「1 つ 1 つすべての」と個々に重点が置かれるニュアンス。一方，all は〈all ＋**複数名詞**〉の形で「**すべての～**」を意味し，重点は対象全体に置かれる。

⇨ **Every** *country* has its own culture.

➡ **All** *countries* have their own cultures.(どの国にも独自の文化があります。)

a number of ～

5. **a number of ～**は，複数名詞を伴い，「**多くの～，いくつかの～**」と幅広い意味を持つ。large，great，small などをつけることで意味を明確にすることができる。〈**a large[great] number of ＋可算名詞の複数形**〉で「(数が)**とても多くの～**」という意味を表す。**複数扱い**にすることに注意。

⇨ There are **a number of** traffic accidents in this area every year.
(毎年このあたりでは多くの[いくつかの]交通事故があります。)

《注意》〈the number of ＋可算名詞(複数形)〉は「～の数」という意味を表す。

a great[good] deal of ～

6.〈**a great[good] deal of ＋不可算名詞**〉で「(量が)**とても多くの～**」という意味。**単数扱い**にすることに注意。また，〈**a great[large] amount of ＋不可算名詞**〉も「(量が)**とても多くの～**」という意味を表す。

⇨ **A large amount of** information is available on the internet.
(非常に多くの情報がインターネットでは利用可能です。)

＋〈**great[large] amounts of ＋不可算名詞**〉という言い方もあり，これは普通複数扱い。

C 割合・数量の変化

7. **The ratio of** robots **to** humans in this factory **is** 3 **to** 2.
（この工場ではロボットと人間の比率は3対2だ。）

8. **The number of** teleworkers **increased sharply**.
（在宅ワーカーの数は急激に増えた。）

9. **The amount of** face-to-face communication **is gradually decreasing**.
（対面のコミュニケーションの量が段々と少なくなっている。）

解説

the ratio of ～

7. **ratio** は「比率，割合」という意味。**the ratio of A to B** で「AとBの比率」という意味を表す。
《注意》of の後ろに *A* to *B* と2つの名詞がきているが，主語 the ratio は単数なので，be 動詞はこれに合わせて is となる。
似た単語に **rate** があり，何らかの基準値を基に測定した場合の「比率，割合」を表す。
(例)discount rate(割引率)，birth rate(出生率)，unemployment rate(失業率)

the number of ～

〈**the number of ＋可算名詞(複数形)**〉は「**～の数**」という意味を表す。動詞は単数で受けることに注意する。
⇨ **The number of** exports has become smaller.(輸出品の数は減少しました。)
《注意》number(数)，amount(量)，population(人口)，expense(費用)などは large / small を使って数や量の増減(多い・少ない)を表す。

8. increase は「増加する」という意味の動詞，sharply は「急激に」という意味の副詞。

the amount of ～

〈**the amount of ＋不可算名詞**〉は「**～の量**」という意味を表す。動詞は単数で受ける。

9. decrease は「減少する」という意味の動詞, gradually は「段々と」という意味の副詞。

数量の変化の表現

- increase，rise(増加する，上がる)
  ⇨ The unemployment rate **has been rising** since 2020.
  (失業率が2020年以降上がっています。)
- decrease，fall，decline, drop(減少する，下がる)
  ⇨ The birth rate **has dropped** by 20% over the last five years.
  (出生率がこの5年間で20%減少しました。)
- more and more(ますます)，less and less(しだいに少なく)
- dramatically(劇的に)，sharply(急激に)，significantly(著しく)，slightly(わずかに)，rapidly(急速に)，quickly(急速に)，slowly(ゆっくりと)，gradually(段々と)
- by(～だけ) …差を表す
  ⇨ Prices have risen **by** as much as 20 percent during the past decade.
  (物価はこの10年間で20%も上がりました。)

Try it out!

1 （　　）内から適切な語句を選んで，文を完成させましょう。

！ヒント ➡EB1,2,3,4,5,6

1. ・a great number of ～「(数が)とても多くの～」は可算名詞に, a great deal of ～「(量が)とても多くの～」は不可算名詞につく。
   ・news は不可算名詞。
   ・「私たちはインターネットで非常に多くのニュースを得ることができます。」
2. ・only a few，only a little はともに「ほんの少ししかない」という否定的な意味を表す。only a few は可算名詞に，only a little は不可算名詞につく。
   ・people は複数扱いの可算名詞であることを確認すること。
   ・「ロボットと一緒に働きたいと思った人はほんの少ししかいませんでした。」
3. ・almost all ～は「たいていの～，大部分の～」という意味で，形容詞の most ～と同じ意味を表す。
   ・「私たちのチームのほとんどすべてのメンバーが新しい機械を導入することに同意します。」
4. ・work は可算名詞として「作品」という意味，不可算名詞として「仕事」という意味がある。
   ・a lot of ～「たくさんの～」は可算名詞にも不可算名詞にも使うことができる。
   ・「ロボットは人間がすることができない多くの仕事をすることができます。」

語句と語法のガイド

agree to *do* 熟 ～することに同意する

練習問題① （　　）内から適切な語句を選んで，文を完成させましょう。

1. He spent a great (number / deal) of money on his new computer.
2. There are only a (few / little) students who know what artificial intelligence is.
3. Almost (workers / all workers) in the factory objected to working with robots.
4. The new machine has a lot of (room / rooms) to improve.

2 **あなたは，科学技術の発展がもたらす影響についてクラスで話しています。クラスメートの意見に対して，あなたの考えを伝えましょう。答えるときは I agree/disagree because ... を使って，賛成か反対かを示し，その理由や詳細を加えてみよう。[　　] 内の表現を使っても構いません。**

！ヒント ➡EB ⒶⒷⒸ

・〈the number of ＋可算名詞(複数形)〉は「～の数」という意味。動詞は単数で受けることに注意する。

・〈a large[great] number of ＋可算名詞(複数形)〉で「(数が)とても多くの～」という意味。複数扱いにすることに注意。

・〈large[great] amounts of ＋不可算名詞〉で「(量が)とても多くの～」という意味。これは普通複数扱い。同じ意味で，〈a large[great] amount of ＋不可算名詞〉があり，これは単数扱いになることに注意。

1. Classmate: We won't use cash in the near future.
   (私たちは近い将来，現金を使わなくなるでしょう。)

You: (例) I disagree because although **the number of** people who pay in cash **is declining**, some young children and the elderly will use it. [**the number of ... is declining**(…の数が減っている)] (現金で支払う人々の数は減っていますが，幼児や年配の人は使うでしょうから，私は反対です。)

2. Classmate: I'm a little bit worried about life with AI in the future.
(私は将来の AI との生活が少し心配です。)
You: [**a large number of** employees / change(たくさんの従業員／変化(する))]

3. Classmate: These days, just having knowledge isn't necessarily important.
(最近では，単に知識があることは必ずしも重要ではありません。)
You: [**large amounts of** information / online(たくさんの情報／オンラインで(の))]

語句と語法のガイド

decline [dɪkláɪn]		動 減少する，低下する
employee [ɪmplɔ́ɪiː]	アクセント	名 従業員 ▶ 反 employer 名 雇用者
knowledge [nɑ́(ː)lɪdʒ]	発音	名 知識 ▶ know 動 ～を知る
necessarily [nèsəsérəli]	アクセント	副 (否定語とともに)必ずしも～ではない

解答例

1. Classmate: We won't use cash in the near future.
(私たちは近い将来，現金を使わなくなるでしょう。)
You: I agree. COVID-19 has changed the way we use cash. More and more shops will not take cash, and we will eventually live in a cash-free society.
(私は同意します。新型コロナウイルス感染症によって私たちの現金の使い方は変わってきました。ますます多くの店が現金を受けつけなくなり，私たちは最終的にキャッシュレス社会で生きていくことになるでしょう。)

2. Classmate: I'm a little bit worried about life with AI in the future.
(私は将来の AI との生活が少し心配です。)
You: I agree because a large number of employees might lose their jobs because of AI. It will change our lives a lot.(AI のせいでたくさんの従業員が仕事を失うかもしれないので，私は同意します。それは私たちの生活を大いに変えるでしょう。)

3. Classmate: These days, just having knowledge isn't necessarily important.
(最近，単に知識があることは必ずしも重要ではありません。)
You: I agree. We can easily get large amounts of information online. What is more important is to make use of the knowledge effectively.
(私は同意します。私たちは容易にオンラインでたくさんの情報を得ることができます。より重要なことはその知識を効果的に利用することです。)

3 次の表はオンライン授業を行ったある高校のアンケート結果です。この結果から分かることをペアで伝え合いましょう。また，オンライン授業についてあなたの意見や考えを述べてみよう。

(!ヒント) ➡EB ⒶⒷⒸ

the ratio of A to B is 7 to 3(A と B の比率は 7 対 3 である)などを使って，アンケート結果を述べる。

Q1. Were you satisfied with the online classes?
(あなたはオンライン授業に満足しましたか。)
── A1. Yes(はい): 69% , No(いいえ): 31%

Q2. Which problems did you have during the online classes?
(あなたはオンライン授業中にどんな問題がありましたか。)
── A2. ① network trouble(ネットワークのトラブル): 2%
② difficult to ask teachers questions(先生に質問するのが難しかった): 3%
③ difficult to interact with classmates(クラスメートと意見をやりとりするのが難しかった): 89%
④ none(何もなし): 6%

(例) For Q1, **the ratio of** yes **to** no **is** about 7 **to** 3. For Q2, **a few** students had no trouble during the online classes. In my opinion, online classes are a convenient way to communicate with people living in other countries.
(Q1 に関して，はいといいえの比率はおよそ 7 対 3 です。Q2 に関して，少数の生徒がオンライン授業中に全くトラブルがありませんでした。私の意見では，オンライン授業は他の国に住んでいる人々とコミュニケーションをとるのに便利な方法です。)

語句と語法のガイド

be satisfied with 〜	熟 〜に満足している
interact [ìntərǽkt]	動 交流する ▶ interaction 名 交流
ratio [réɪʃiòʊ] 発音	名 比率
in my opinion	熟 私の意見では

(解答例)

For Q1, 31% of the students were not satisfied with the online classes. For Q2, 89% of the students felt it was difficult to interact with their classmates during the online classes. In my opinion, direct communication between students can help them learn, so I like face-to-face classes better than online classes.
(Q1 に関して，生徒の 31% はオンライン授業に満足しませんでした。Q2 に関して，89% の生徒がオンライン授業中にクラスメートと意見をやりとりするのが難しいと感じました。私の意見では，生徒間の直接的なコミュニケーションが学習の助けになるので，私はオンライン授業よりも対面授業の方が好きです。)

Expressing

STEP 1

問題文の訳

ミサキとリクは，人々はAIに何を期待するかとAIに関してどのような不安を抱いているかを問うアンケートについて話しています。彼らの会話を聞いて，a～cから最もよい描写を選びなさい。

！ヒント

2人がAIに対して考えていることを聞き取る。

a. ミサキは人々がAIに関してどのような不安を抱いているかだけに焦点を当てている一方で，リクは人々がAIに何を期待するかのみに興味があります。

b. ミサキはAIが私たちの生活を便利にしてくれることを期待していて，リクは人同士の対面でのコミュニケーションが減ることを心配しています。

c. ミサキはAIとの新しい働き方に興味がありますが，リクは将来AIのために自分が得られる仕事の数が減ることを心配しています。

STEP 2

問題文の訳

AIとの生活において大切なことについてプレゼンテーションをしなさい。まず，あなたの考えをブレーンストーミングしなさい。**STEP 1**のグラフやインターネットで見つけた資料を使いなさい。

！ヒント

What's the main idea?(主な考えは何ですか。)

What's the current situation?(現状はどうですか。)

Memo(メモ):AI is good at ...(AIは…が得意です。)／Humans are good at ...(人間は…が得意です。)

解答例

主な考え：Knowing our strengths is important.(私たちの長所を知ることが大切です。)

現状：There is a problem with working hours in Japan.(日本では労働時間に問題があります。)

メモ：AI is good at processing a large amount of data.(AIは大量のデータを処理することが得意です。) ／Humans are good at responding to unexpected events.(人間は予期せぬ事態への対応が得意です。)

STEP 3

問題文の訳

次に，**STEP 2**のあなたの考えに基づいてプレゼンテーションのアウトラインを作りなさい。そして，プレゼンテーションの原稿を書きなさい。

！ヒント

アウトラインとして，タイトル，序論，本論(現状，例，原因，問題など)，結論について書く。

解答例

タイトル：To work effectively with AI(AIと効率的に働くために)

序論：Knowing our strengths will be an important part of working effectively with AI.(私たちの長所を知ることがAIと効率的に働く上で大切でしょう。)

本論：There are a number of areas where humans can work better than AI.(人間がAIに勝る分野がいくつもあります。)／We should cooperate with AI.(私たちはAIと協力するべきです。)

結論：It is important to know our strengths.(私たちの長所を知っておくことは重要です。)

Logic Focus

プレゼンテーションとは，聴衆に対して，物事を紹介したり，意見を述べたりする活動である。表や図などを効果的に用いることで説得力が増す。

■プレゼンテーションの例

タイトル：AIと共に生きる将来

Introduction(序論)：概要・問題提起

(1)聴衆への呼びかけ　(2)聴衆の注意を引く　(3)トピックを示す

(1)みなさん，こんにちは。

(2)話を始める前に，いくつか質問をさせてください。みなさんはAIについてどのようなイメージを持っていますか。AIとの生活には何が大切だと思いますか。

(3)今日はAIと共に生きる将来についてお話ししたいと思います。2つの重要な側面があります。すなわち,AIへの期待と不安を知ることと,AIと人間の能力を活かすことです。

Body(本論)：具体的な内容

現状や具体例を挙げながら論点を示す

初めに，人々はAIについて期待と不安の両方を抱いていることを話させてください。では，グラフ1と2を見てください。これらは，人々がAIに期待することとAIについて不安に感じることを示したものです。ほぼ半数の人が，AIが日常生活を便利にしてくれること，医療現場で使用されること，そして，働き方を変えてくれることを期待しています。一方で，60%を超える人がシステムに不具合が生じること，仕事が奪われること，そして，科学技術の不適切な使用について不安を感じています。

次に，AIと人間の能力を活かすことの重要性について述べたいと思います。確かにAIは,人間同様,完璧ではありません。AIは,音声や映像の認識,膨大なデータの処理や,データの分析が得意である一方，人間は，感情の理解，新しいものの創造やリーダーシップの発揮においてAIに勝ります。私たちは，AIが得意なことと人間が得意なことの両方を十分に理解するべきです。互いに協力することで，AIと人間は欠けている部分を補い合うことができます。

Conclusion(結論)：文章全体

(1)まとめ(要約)　(2)結びの言葉　(3)あいさつ

(1)結論として，私たちが必要なことはAIの能力を理解することと，人間の能力を生かせるようにすることです。

(2)このことが将来，AIとともに生きるために重要になることを強調したいと思います。

(3)ご清聴ありがとうございました。

Let's try

問題文の訳

AIとの生活において大切なことについてプレゼンテーションをしなさい。グループで活動しなさい。

補充問題

1 日本語に合うように，(　　)内の語を並べ替えて英文を完成させなさい。

1. 父は数日間，出張で家にいません。
My father has been away (a / on / for / few / days / business).
My father has been away ________________________.

2. 毎年このあたりでは多くの交通事故があります。
There (a / of / in / are / traffic / number / accidents) this area every year.
There ________________________ this area every year.

3. 多額のお金が新しい博物館に使われました。
(of / were / large / spent / money / amounts) on the new museum.
________________________ on the new museum.

4. あなたは塩分摂取量を減らさなくてはなりません。
You (to / of / the / need / salt / amount / reduce) you take.
You ________________________ you take.

5. 男女の比率は 2 対 1 です。
(of / to / is / the / ratio / men / women) two to one.
________________________ two to one.

2 次の日本語を英文に直しなさい。ただし，(　　)内の語を使うこと。

1. 私たちはその問題についてまったく情報がありません。(no)
____

2. ほとんどの生徒がそのサッカーの試合を見ました。(almost)
____

3. 彼女は昨日たくさん仕事をしました。(deal)
____

4. 海外旅行をする日本人の数が最近，減少しています。(number)
____

3 もしあなたが 100 万円を持っていたらどのように使いますか。次の書き出しに続けて 100 語程度の英文を書きなさい。

If I had one million yen,
____
____
____
____

Build Up 5 ポライトネス

解説

1 語句や文法形式で丁寧さを表す

英語では，疑問文や仮定法などの表現を用いて丁寧さを表すことができる。特に依頼，勧誘，提案，申し出などを表す場合に，丁寧表現を多く用いる。

please を用いる

please を依頼や要求などの時に用いると丁寧な表現となる。

1. **Please** write me soon.（すぐにお便りください。） cf. Write me soon.

疑問文を用いる

疑問文は相手に選択の余地を与えるので丁寧さを表すことができる。

1. **Can I** talk to you**?**（お話があるのですが。） cf. I want to talk to you.
2. **Why don't you** get a good night's rest**?**（一晩ゆっくり休んだらどうですか。）
   Why don't you *do*? は「～したらどうですか」と提案・勧誘を表す表現。
   cf. Get a good night's rest.
3. **Why don't we** eat out tonight**?**（今夜は外食しませんか。） cf. Let's eat out tonight.
   Why don't we *do*? は「(一緒に)～しませんか」と，提案・助言・勧誘を表す表現。

助動詞や副詞(句)を用いる

1. You **may** be mistaken.(あなたは間違っているかもしれませんよ。) cf. You are mistaken.
   may や **can** などの推量を表す助動詞を用いることで，断定を和らげることができる。
2. **Perhaps** this soup is **a bit** too salty.(このスープはちょっとしょっぱいかもしれません。)
   cf. This soup is too salty.
   maybe や **perhaps**(もしかすると…)などの副詞や **a bit** や **a little**(少し)といった語句を用いると，意見や主張などが直接的に響かなくなるので，その結果，丁寧な表現になる。

仮定法を用いる

依頼の表現で，can や will の代わりに過去形の could，would を使うと，丁寧な言い方になる。これは**仮定法**と考えることができ，「もし可能であれば…」などと断られることを前提にした丁寧な依頼の表現になる。

1. **I'd** like you to be frank with me.（私には本当のことを話していただきたいと思います。）
   cf. I want you to be frank with me.
2. I **would** suggest that we postpone the trip.（旅行は延期したらどうでしょうか。）
   cf. I suggest that we postpone the trip.
3. **Could** you look after my dog while I'm away?（留守の間,犬の世話をお願いできますか。）
   cf. Can you look after my dog while I'm away?
4. **Would** it be all right if I **invited** Carol?（キャロルを招待してもよろしいですか。）
   cf. Is it all right if I invite Carol?
   if 節は感情を表す動詞や形容詞の後で用いると，「…していただけると，もしも…でしたら」と丁寧な依頼を表すことができ，if 節の中で仮定法を使うとより遠慮がちで遠回しの表現になる。
5. (a) I **would** appreciate it if you **could** help me.（お手伝いいただければ幸いです。）

(b) I **would** be grateful if you **could** help me.（お手伝いいただければ幸いです。）

部分否定を用いる

not quite（すっかり〜というわけではない）などの**部分否定**を表す表現も，控えめに否定を表す言い方になる。

1. I do**n't quite** follow you.（おっしゃっていることがどうもよく分かりません。）
   cf. I don't follow you.
2. I'm **not entirely** satisfied with your explanation.（あなたの説明に完全に納得しているわけではありません。） cf. I'm not satisfied with your explanation.

2 発想を変えて丁寧さを表す

遠慮や恐縮の気持ちを伝えたり，譲歩の表現を用いたりして，相手との距離を離すことで直接的な表現を和らげ丁寧な表現にすることができる。

申し訳なく思う気持ちを伝える

I'm afraid ...（申し訳ありませんが…）や **I'm sorry ...**（悪いけれど…，…してすまないと思って）は，相手に遠慮を伝える表現で，話者が相手に不都合と思われる発言を和らげることができる。

1. **I'm afraid** this is a non-smoking section.（申し訳ありませんが，ここは禁煙なのですが。）
   cf. This is a non-smoking section.
2. "Can you come again tomorrow?" "**I'm sorry**, I can't."
   （「明日もう一度来てもらえますか。」「悪いけどだめなんです。」） cf. No, I can't.
3. **I'm sorry to trouble you, but** could you have a look at my draft?
   （ご面倒をおかけして申し訳ありませんが，原稿に目を通していただけますか。）

相手の言うことを一応認める

I see your point, but ...（あなたの言い分はわかりますが…）や **That may be true, but ...**（それはそうかもしれませんが…）といった表現は，相手の意見を認めた上で持論を展開する際に用いることができる。

1. **I see your point, but** I don't agree.（おっしゃることはわかりますが，同意できません。）
2. **That may be true, but** I still think he is to blame.
   （そうかもしれませんが，それでもやはり彼に非があると思います。）

相手にかける負担を小さくする

a minute（ちょっとの間）はほんの少ししか時間がかからないこと，また，**a little**（少し）は程度が少ないことを表す表現で，いずれも相手の負担を和らげながら自分の要求を伝える際に用いることができる。

1. Could you spare me **a minute**?（少しお時間をいただけますか。）
2. Can you expand **a little** on what you've just said?（今言ったことを少し詳しく説明してくれませんか。）

相手に裁量の余地を与える

or something（〜か何か）は正確な事柄を付け加えなくてもよいと判断される時に使われる。〜 or something も **when you have time**（時間がある時に）も，相手に選択の余地を与える配慮を表した丁寧表現と言える。

1. Would you like a cup of coffee **or something**?
   （コーヒーか何かお飲みになりますか。） cf. Would you like a cup of coffee?
2. Please reply **when you have time**.（時間があるときにお返事ください。）cf. Please reply soon.

Practice

1 各文を例にならって，より丁寧な英語で表現しましょう。

!ヒント

(例)Make yourself at home.(くつろぎなさい。)→ Please make yourself at home.(くつろいでください。) …命令文が丁寧に聞こえるように，先頭に Please を加える。

1. ・「医者に診てもらったらどうですか。」と丁寧に提案・忠告する文にする。
2. ・「あなたに〜してほしい」という要望を丁寧に表すには，助動詞の過去形(仮定法)を用いる。
 ・「私はあなたにこの書類のコピーを 10 枚とってほしいと思います。」
3. ・不同意の意思表示をする場合は，申し訳なく思う気持ちを伝えたり，相手の意見をいったん認めたりするとよい。
 「私はあなたに同意できません。」
4. ・Can I 〜? は「〜してもよいですか」と許可を求める言い方。
 ・「パーカー先生，月曜日に宿題を提出してもいいですか。」

2 留学生の Ted の両親が冬休みにオーストラリアから日本にいる Ted を訪ねてきます。彼は友人のあなたに，次の週末，両親に町を案内してあげてほしいと丁寧に頼みますが，事情があって応えられないあなたは理由を挙げて丁寧に断ります。その場面を想定してやりとりしましょう。

!ヒント

・助動詞の過去形(仮定法)を使い「〜していただけませんか」と丁寧に頼む依頼文をつくる。「〜に町を案内する」は show 〜 around the city で表すことができる。

・申し訳なく思う気持ちを伝える。理由には「忙しい」(I'm busy.)，「別の予定がある」(I've got another appointment.)などが考えられる。

(例)

Ted: My parents are coming from Australia to visit me during the winter vacation. **Could** you **possibly** show them around the city next weekend**?**
(冬休みの間，両親が私を訪ねてオーストラリアから来ます。来週の週末に市の案内をしていただけませんか。)

You: **I'd be happy to**, Ted, **but I'm sorry** I can't. My grandmother is in the hospital, and I have to visit her.(テッド，私は喜んでそうしたいのですが，残念ながらできません。祖母が入院していて，私は会いに行かないといけないのです。)

解答例

Ted: My parents are coming from Australia to visit me during the winter vacation. Do you have time next weekend? I would be grateful if you could show them around the city.(冬休みの間，両親が私を訪ねてオーストラリアから来ます。あなたは来週の週末に時間がありますか。市の案内をしていただければ幸いです。)

You: I'm afraid I can't go out, Ted. I'll have to look after my brothers at home while my parents are out. You can call me whenever you are in trouble.
(テッド，申し訳ありませんが，私は外出できません。両親が外出している間，弟たちの面倒を見なければなりません。困ったときは，いつでも電話していいですよ。)

補充問題

1 b. が a. より丁寧な英語で表現した文となるように，(　　)に適切な語を入れなさい。

1. a. Will you open the window?
   b. (　　　) (　　　) (　　　) opening the window?
2. a. Can I sit here?
   b. (　　　) you (　　　) (　　　) I sit here?
3. a. Let's take a taxi to the nearest station.
   b. (　　　) (　　　) we take a taxi to the nearest station?

2 日本語に合うように，(　　)に適切な語を入れなさい。

1. おっしゃることはわかりますが，あなたの提案を受け入れることはできません。
   I (　　　) your (　　　), but I can't accept your proposal.
2. 紅茶か何かお飲みになりますか。
   Would you like a cup of tea (　　　) (　　　)?
3. このカレーは私には少し辛すぎます。
   This curry is (　　　) (　　　) too spicy for me.
4. そうかもしれませんが，あなたは重要な点をひとつ見落としていると思います。
   That (　　　) be (　　　), but I think you have missed one important thing.
5. ご面倒をおかけして申し訳ありませんが，私の英語をチェックしていただけますか。
   I'm (　　　) to (　　　) you, but could you check my English?
6. 時間がある時にお返事をいただけるとうれしいです。
   I (　　　) (　　　) happy if you could reply when you have time.

3 次の日本語を英文に直しなさい。ただし，(　　)内の語を使うこと。

1. 2,3分ほどお時間をいただけませんか。—すみませんが，今とても忙しいのです。(spare)

   ____

2. このテーマについて何か本を推薦していただけると幸いです。(appreciate)

   ____

3. あなたの物語はおもしろいけれど，ちょっと長すぎるかもしれません。(but, bit)

   ____

Lesson 11 What is a healthy life?

Topic Introduction

①Many people have different beliefs about what makes a healthy lifestyle. ②On the one hand, people are trying to live **a less anxious and stressful life**. ③They believe that **the higher** their stress level is, **the more trouble** they have. ④On the other hand, others believe that a certain level of stress is helpful. ⑤They argue that stress can enhance motivation and encourage growth.

①多くの人々は，何が健康的な生活をもたらすのかに対して異なる考えを持っています。②一方では，人々は不安やストレスがより少ない生活を送ろうとしています。③彼らはストレスレベルが高いと，さまざまな不都合が生じると信じています。④他方，ある程度のストレスは必要であると考える人もいます。⑤ストレスはモチベーションを高め，成長を促すこともあると彼らは主張します。

語句と語法のガイド

belief [bɪlíːf]	名 信念，考え ▶ believe 動 ～を信じる
lifestyle [láɪfstàɪl]	名 生活様式
anxious [ǽŋkʃəs]	形 不安な ▶ anxiety 名 不安
stressful [strésfəl] アクセント	形 ストレスの多い ▶ stress 名 ストレス
argue [ɑ́ːrgjuː]	動 ～と主張する ▶ argument 名 主張，論拠
enhance [ɪnhǽns]	動 ～を高める
motivation [mòʊtəvéɪʃən]	名 動機，やる気 ▶ motivate 動 ～に動機を与える
encourage [ɪnkə́ːrɪdʒ] 発音	動 ～を促す，～を助長する
growth [grouθ]	名 成長 ▶ grow 動 成長する

解説

① **Many people have different beliefs about what makes a healthy lifestyle.**
what makes a healthy lifestyle は間接疑問文。

② **On the one hand, people are trying to live a less anxious and stressful life.**
on the one hand は「一方では～」という意味で，④の on the other hand（他方では）とセットで使われる。
less は形容詞・副詞の前に付けて，「～より…でない」という意味で，比較してより程度が低いことを表す。EB5

③ **They believe that the higher their stress level is, the more trouble they have.**
〈the ＋比較級＋ SV ..., the ＋比較級＋ SV ～〉で「…すればするほどますます～」という意味を表す。EB8

④ **On the other hand, others believe that a certain level of stress is helpful.**
on the other hand は「他方では」という意味。②の on the one hand とセットで使い，「一方では～で，他方では…」という意味を表す。

others は「他の人たち」という意味。ここでは「～する人もいる」と訳している。

Listening Task

Circle T for True or F for False. （正しければT, 間違っていればFに○をつけなさい。）

！ヒント

1. 多くの人々は，いかにして健康的でいるかに対して同じ考えを持っているか。(→①)
2. 著者はストレスレベルが高いと人々はモチベーションを失うように思われると主張しているか。(→④⑤)
3. 著者はストレスには肯定的な面と否定的な面の両方があると言っているか。(→③④)

Example Bank

比較を表す

A　原級比較

1. Salty food is **as** unhealthy **as** fried food.
（塩辛い食べ物は揚げ物と同じくらい不健康だと言われている。）
2. I have been doing **twice as much** exercise **as** I used to.
（私は以前の２倍の運動を行っている。）
3. **As many as** 1,000 people ran a marathon yesterday.
（昨日，千人もの人がマラソンを走った。）

解説

〈A ... as ＋原級＋ as B〉

1. **〈A ... as ＋原級＋ as B〉**は「**A は B と同じくらい～**」という意味になる。

同じ動詞なので省略可能↓

Salty food [is **as unhealthy as**] fried food (is) ~~unhealthy~~.

↑２番目の形容詞は必ず省略

〈A ... not as[so] ＋原級＋ as B〉

〈A ... not as ＋原級＋ as B〉は「**A は B ほど～ではない**」という意味になる。

⇨ This question is **not as** easy **as** that one.(この質問は,あの質問ほど易しくありません。)

one は question を代用している。this question と that one(＝ question)を比べている。

＋ 否定文では，１つ目の as の代わりに so が使われることがある。ただし，口語では as のほうが一般的。なお，肯定文では so は使われない。

➡ This question is **not** **so** easy **as** that one.

〈as many/much ＋名詞＋ as B〉

「(数が)**B と同じくらいの～**」は**〈as many ＋複数名詞＋ as B〉**で表す。many の後には複数名詞がくる。

⇨ I have **as many** books **as** my brother (does).
（私は兄[弟]と同じくらいの数の本を持っています。）

「(量が)**B と同じくらいの～**」は**〈as much ＋不可算名詞＋ as B〉**で表す。much の後には不可算名詞がくる。

〈X times as ＋原級＋ as B〉

2つの物事や2人の人を比べて，「一方がもう一方のX倍～だ」という場合，〈as ＋原級＋ as〉の前に twice(2倍)，half(半分)，X times(X倍)などの倍数を置いて表現する。

2. **〈X times as ＋原級＋ as B〉**で「**BのX倍～**」という意味になる。2つの as ではさまれた〈形容詞(many / much)＋名詞〉はひとかたまりで考える。

I have been doing **twice** **as much** exercise **as** I used to (do).
↑以前していた

➕ 倍数表現の後に名詞を使って「～のX倍…だ」と表すこともできる。

⇨ Russia is **twice as large as** Brazil.

➡ Russia is **twice the size of** Brazil.(ロシアはブラジルの2倍の大きさです。)

〈as many/much as ＋数詞＋名詞〉

3. **as many as** を〈数詞＋名詞〉の前につけて**数**が多いことを強調する。**量**が多いことを強調する場合は **as much as** にする。「～もの…」という意味。

⇨ The trip is likely to cost **as much as** one thousand dollars.
(その旅行は1000ドルもかかりそうです。)

B 比較級

4. John looks **healthier than** before.(ジョンは以前より健康的に見える。)

5. Running is **a more popular form** of exercise **than** it was.
(ランニングは昔より人気のある運動形態です。)

6. Erin exercises **much more often than** her brother.
(エリンは彼女の兄よりずっと運動する。)

7. These days, **more and more** people are caring about their health.
(最近，だんだん多くの人が健康に気を付けている。)

8. **The more** exercise you do, **the happier** you will be.
(運動すればするほど，ますます幸せになるだろう。)

解説

〈A ... 比較級＋ than B〉

〈A ... 比較級＋ than B〉は「**AはBよりも～**」という意味を表す。

4. healthy のように〈子音字＋ y〉で終わる語は，healthy—healthier—healthiest のように変化する。

5. 2音節の大部分と，3音節以上のすべての語は，**more** をつけて比較級を作る。ここでは，〈形容詞の比較級＋名詞〉で，ひとかたまりと考える。

〈less ＋原級〉

「**～より…でない，～ほど…でない**」と程度が低いことを表す場合には，**〈less ＋原級〉**で表す。

⇨ This dress is **less expensive than** that one.(このドレスはあのドレスより安いです。)

➡ This dress is **not as expensive as** that one.
(このドレスはあのドレスほど高くありません。)

➡ That dress is **more expensive than** this one.
(あのドレスはこのドレスより高いです。)

比較級の強調表現

6. 〈A ... 比較級＋ than B〉を強調して「**A は B よりもずっと[はるかに]〜**」を表すときは，比較級の前に **much** あるいは **far** を置く。a lot，even，still を使っても同じように強調の意味を表すことができる。

Erin exercises **much** **more often than** her brother.
often の比較級は more often

《注意》比較級を強めるときに very を使うことはできない。

⇨ Tony is much **taller than** John.（トニーはジョンよりもずっと背が高いです。）
× *very taller*

2 つの差を具体的な数値で表す

比較級の前に〈**数詞＋単位**〉を置くと「A は B よりも…だけ〜」と具体的な差を表すことができる。〈**by ＋数詞＋単位**〉を使って同じ意味を表すことができる。

⇨ Our principal is **three years younger than** my grandfather.

➡ Our principal is younger than my grandfather **by three years**.
（私たちの校長先生は私の祖父より 3 歳年下です。）

〈比較級＋ and ＋比較級〉

〈**比較級＋ and ＋比較級**〉で「**ますます〜，だんだん〜**」という意味を表す。more をつけて比較級をつくるものは〈**more and more ＋形容詞[副詞]**〉となる。

⇨ Ann is getting **more and more confident**.
（アンは次第に自信を持つようになってきています。）

7. 「**ますます多くの〜**」は〈**more and more ＋名詞**〉の形で用いる。

〈the ＋比較級＋ SV ..., the ＋比較級＋ SV 〜〉

8. 〈**the ＋比較級＋ SV ..., the ＋比較級＋ SV 〜**〉で「**…すればするほどますます〜**」という意味を表す。

You do much exercise. You will be happy.

The more exercise you do, **the happier** you will be.

➕ 比較級の後の主語と動詞が省略されることもある。

⇨ **The sooner** (it is), **the better** (it will be).（早ければ早いほどよいです。）

C 最上級

9. I think rugby is **the most exciting sport** in the world.
（私はラグビーは世界で最もはらはらするスポーツだと思う。）

10. Sleeping enough is **one of the most effective ways** to live well.
（十分な睡眠は健康的に生きるのに最も効果的な方法の 1 つだ。）

解説

〈A ... (the) ＋最上級〉

9. グループの中でいちばんのものは 1 つに特定されるので最上級には **the** をつける。比較の範囲や対象は〈**in ＋場所・範囲を表す単数の語句**〉や〈**of ＋同類を表す複数の語句**〉で表す。exciting のような多音節の形容詞の最上級は，直前に most を置いて表す。

副詞の最上級には the を付けないことが多いが，比較の範囲が of などで示されている場合は付けることが多い。

〈the ＋序数＋最上級＋名詞〉

「**X 番目に〜**」は〈**the ＋序数**〉を最上級の前に置いて表す。

⇨ Kyushu is **the third largest** island in Japan.(九州は日本で3番目に大きな島です。)

〈by far the ＋最上級〉

最上級に**強調の意味**を加える時は，最上級の前に **by far** や **much** を置く。

⇨ Niseko is **by far** the most popular ski resort.
(ニセコは断然いちばん人気のスキー場です。)

〈one of the ＋最上級＋複数名詞〉

10. 〈**one of the ＋最上級＋複数名詞**〉は「**最も〜な…の1つ[1人]**」という意味。「(複数ある特定の)…の中の1つ」と限定されるので，名詞は複数形になることに注意する。

原級・比較級を使って最上級の意味を表す①

⇨ *Russia* is **the largest country** in the world.(ロシアは世界でいちばん大きな国です。)

➡ **No (other) country** in the world is **as large as** *Russia*.
(世界にはロシアほど大きな国はありません。)

➡ **No (other) country** in the world is **larger than** *Russia*.
(世界にはロシアよりも大きな国はありません。)

➡ *Russia* is **larger than any other country** in the world.
(ロシアは世界のほかのどの国よりも大きいです。)

《注意》no (other)，any other の後には**単数名詞**がくる。

原級・比較級を使って最上級の意味を表す②

⇨ *Time* is **the most important** thing.(時間はいちばん大切なものです。)

➡ **Nothing** is **as important as** *time*.(時間ほど大切なものはありません。)

➡ **Nothing** is **more important than** *time*.(時間よりも大切なものはありません。)

➡ *Time* is **more important than anything else**.(時間はほかの何よりも大切です。)

原級・比較級を使って最上級の意味を表す③

⇨ *My brother* plays the guitar (**the**) **best**.
(私の兄[弟]はいちばん上手にギターを弾きます。)

➡ **Nobody** plays the guitar **as well as** *my brother* (does).
(私の兄[弟]ほど上手にギターを弾く人はいません。)

➡ **Nobody** plays the guitar **better than** *my brother* (does).
(私の兄[弟]より上手にギターを弾く人はいません。)

➡ *My brother* plays the guitar **better than anybody else**.
(私の兄[弟]はほかの誰よりも上手にギターを弾きます。)

Try it out!

1 (　　)の中の語を並べ替えて，英文を完成させましょう。

(！ヒント) ➡ **EB1,6,8,10**

1. ・比較級を強調するときは，比較級の前に much や far などを置く。

・「多くの人々が玄米は白米よりもずっと健康的だと言います。」

2. ・〈A ... as ＋原級＋ as B〉で「A は B と同じくらい～」という意味。
・「健康を維持するためには，眠ることは運動することと同じくらい意味があります。」

3. ・〈the ＋比較級＋ SV ..., the ＋比較級＋ SV ～〉で「…すればするほどますます～」という意味。
・「かめばかむほどますます食べる量が減ると言われています。」

4. ・〈one of the ＋最上級＋複数名詞〉で「最も～な…の 1 つ[1 人]」という意味。
・「ジョギングは最も人気のある運動形態の 1 つです。」

語句と語法のガイド

brown rice	熟 玄米
fit [fɪt]	形 体の調子がよい，健康で ▶ 動 ～に合う
meaningful [míːnɪŋfəl]	形 意味のある ▶ meaning 名 意味
chew [tʃuː] 発音	動 ～を(よく)かむ
form [fɔːrm]	名 形態，形式

練習問題① **(　　)の中の語句を並べ替えて，英文を完成させましょう。**

1. It is said that sushi (healthier / is / much / pizza / than).
2. The article says that walking (as / is / beneficial / as / jogging).
3. Some people think that (you / the / own / less), the happier you'll be.
4. TV is still (forms / the / of / most popular / one) of entertainment.

練習問題② **日本語に合うように，(　　)内の語句を並べ替えて英文を完成させましょう。ただし，それぞれ必要な 1 語を補おう。**

1. 中国は世界で 2 番目の経済大国である。
China is (in / the / the / world / economic / power / largest).
2. 今日の試合は，これまで見た中で最もわくわくする試合だ。
Today's game is (the / I've / game / exciting / seen / ever).
3. 穀物収穫量がここ 30 年で最低になるだろうと警告する研究者もいる。
Some researchers warn (would / the / be / years / smallest / the grain harvest / thirty).

2 あなたはパートナーと健康な生活について話しています。下線部の語句を自分の言葉にかえて，自分の意見や考えを伝えましょう。理由や具体例を加えよう。

！ヒント ➡ EB ⒶⒷⒸ

・比較級や最上級を適切に用いる。Which is **a more effective way**, A or B?(A と B ではどちらがより効果的な方法ですか。)，**the more** muscle we have, **the healthier** we become.(私たちは筋肉が多ければ多いほど，より健康になります。)，What do you think is **the best thing**?(あなたは最もよいことは何だと思いますか。)
・〈A ... as ＋原級＋ as B〉「A は B と同じくらい～」の as の直前に almost や about などを置くと，「ほとんど同じくらい～，だいたい同じくらい～」という意味になる。

A: Which is **a more effective way** to be healthy, doing exercise or eating right food?(運動することと健康によい食べ物を食べることでは，どちらがより効果的な健康法ですか。)

B: (例) I think doing exercise is **more** effective **than** eating the right food because **the more** muscle we have, **the healthier** we become.
(私たちは筋肉が多ければ多いほど，より健康になるので，運動することが健康によい食べ物を食べることよりも効果的だと思います。)

A: What do you think is **the best thing** to do to stay healthy?
(あなたは健康を維持するのに最もよいことは何だと思いますか。)

B: (例) I think it is **best** to sleep a lot because if we don't sleep a lot, our body doesn't work well.(たくさん眠らないと，私たちの体がうまく働かないので，たくさん眠ることが一番だと思います。)

A: What do you think is almost **as** important **as** sleeping a lot?
(たくさん眠ることとほとんど同じくらい大切なことは何だと思いますか。)

B: (例) I think eating well is **as** healthy **as** sleeping a lot because our body needs nutrients.(私たちの体には栄養が必要なので，健康によい物を食べることはたくさん眠ることと同じくらい大切だと思います。)

語句と語法のガイド

effective [ɪféktɪv]	形 効果的な ▶ effect 名 効果
muscle [mʌ́sl] 発音	名 筋肉
nutrient [njú:triənt] アクセント	名 栄養分，栄養素 ▶ nutritious 形 栄養分のある

解答例

A: Which is a more effective way to be healthy, doing exercise or eating the right food?(運動することと健康によい食べ物を食べることでは，どちらがより効果的な健康法ですか。)

B: I think doing exercise is more effective than eating the right food because doing exercise helps us not only build a strong body but also relieve stress.
(運動することは強い体を作るだけでなくストレスを和らげるのにも役立つので，運動することが健康によい食べ物を食べることよりも効果的だと思います。)

A: What do you think is the best thing to do to stay healthy?
(あなたは健康を維持するのに最もよいことは何だと思いますか。)

B: I think it is best to sleep a lot because our brain and body cannot function properly without enough sleep.(十分な睡眠なしでは私たちの脳や体は正常に機能しないので，たくさん眠ることが最もよいと思います。)

A: What do you think is almost as important as sleeping a lot?
(たくさん眠ることとほとんど同じくらい大切なことは何だと思いますか。)

B: I think taking moderate exercise is as healthy as sleeping a lot because it can refresh both mind and body and lead to a good sleep.
(適度な運動によって心身ともにリフレッシュでき，ぐっすり眠れるので，適度な運動をすることはたくさん眠ることと同じくらい健康的だと思います。)

3 **次のグラフは，あなたがクラスプロジェクトで学校の生徒を対象に行った「健康維持のために行う運動」について調査したアンケート結果です。グラフを見て，あなたが健康維持によいと考える運動について自分の意見を伝え合いましょう。答えるときは理由や根拠を加えてみよう。**

!ヒント ➡EB ⒶⒷⒸ

・比較級や最上級の作り方を確認する。healthy → healthier → healthiest, fun → more fun → most fun, popular → more popular → most popular, good → better → best。
・〈less ＋原級＋ than 〜〉で「〜より…でない，〜ほど…でない」，〈the least ＋原級〉で「最も〜でない」という意味を表す。

A: Yoga is one of **the least popular exercises**, but I think this is **the best one** for health. It is good for both our body and mind. What do you think?
(ヨガは最も人気のない運動の 1 つですが，私は健康にとって最もよいものだと思います。それは私たちの体と心の両方にとってよいです。あなたはどう思いますか。)

B: I agree. But I think cycling is **more** fun and exciting. To be **healthier**, we must keep doing exercise. If it is not fun, I can't do it. It is also **more** popular **than** dancing and yoga.
(私は同意します。しかし私はサイクリングの方がより楽しくてわくわくすると思います。より健康的になるために，私たちは運動をし続けなければいけません。もし楽しくなければ，私ならできません。それはまたダンスやヨガよりも人気があります。)

語句と語法のガイド

yoga [jóʊgə]	名 ヨガ
mind [maɪnd]	名 心

解答例

A: The graph shows that running is the most popular form of exercise. Many people like it because it helps them maintain overall health. Also, it helps them burn more calories or lose weight fast. What do you think?
(グラフからランニングが一番人気のある運動であるとわかります。それは健康全般の維持に役立つので，多くの人が好みます。また，より多くのカロリーを燃焼したり体重を速く減らすのに役立ちます。あなたはどう思いますか。)

B: I understand it is good for health, but I like walking better. It is low-impact exercise, and people can talk while walking with friends. Also, it makes people feel relaxed and helps lift their mood. I think it is easier to continue every day.(それが健康によいことはわかりますが，私はウォーキングの方が好きです。それは負荷が少ない運動で，人々は友達と歩きながら話ができます。また，人々をリラックスさせ，気分を高めるのに役立ちます。毎日続けることがより簡単だと思います。)

Expressing

STEP 1

問題文の訳

それぞれの生徒の話を聞きなさい。誰が生徒は多くの睡眠が必要だと思っていますか。そのように考えている生徒は1人より多いかもしれません。

！ヒント

4人のうち，生徒は多くの睡眠が必要だと思っているのは誰かを聞き取る。

STEP 2

問題文の訳

あなたは寝過ごして遅刻する生徒や授業中に居眠りする生徒の数が増えていることを報告する学校通信を読んでいます。それはまた一般に，10代の若者は毎晩8時間から9時間の睡眠時間が必要だということも述べました。あなたのパートナーと私たちにはどのくらいの睡眠が必要で，それはなぜかについて話しなさい。

！ヒント

Agree (Pros)（賛成）

Teenagers who don't:（〜しない10代の若者）

- feel depressed（ゆううつに感じる）
- have trouble staying awake in class（授業中起きていることが困難である）
- have trouble with memory, concentration and motivation（記憶力，集中力，意欲において問題がある）

Disagree (Cons)（反対）

Teenagers who need time to do other things:
（他のことをする時間が必要な10代の若者）

- be relaxed rather than sleep（眠るよりもリラックスする）
- stay up late to study（勉強するために遅くまで起きている）
- play video games（ビデオゲームをする）

解答例

A: Do you agree that teenagers need 8 to 9 hours of sleep every night?
（あなたは10代の若者が毎晩8時間から9時間の睡眠時間が必要だということに同意しますか。）

B: I agree. I believe that they should get enough sleep.
（同意します。彼らは十分な睡眠を取るべきだと思います。）

A: Why do you think so?
（なぜそう思うのですか。）

B: If they get enough sleep at night, their brain and body will function properly during the day.
（もし彼らが夜に十分な睡眠を取れば，日中，脳や体は正常に機能するでしょう。）

STEP 3

問題文の訳

少なくとも５人のグループを作りなさい。あなたのグループが肯定側か否定側のどちらに属するか選びなさい。次に，ディベートの準備をするために，**STEP2** に基づいて下の表を完成させなさい。

！ヒント

意見：(例)10 代の若者は１日につき８時間から９時間の睡眠時間が必要である。

＜立論の主張と根拠＞

主張：(例)適切な睡眠が取れないと，私たちの心身の状態に影響を及ぼす可能性があります。

根拠：(例)合計８時間から９時間の睡眠で，私たちの脳と体は元気を取り戻し，リフレッシュします。私たちは翌日活動的で生産的になれるのです。

＜反論の主張と根拠＞

主張：(例)10 代の若者は日中眠ければ，する必要のあることをすることができません。

根拠：(例)彼らは記憶力や集中力，意欲に問題があります。

解答例

＜立論の主張と根拠＞

主張：Enough sleep makes our brains and bodies function better.
(十分な睡眠は私たちの脳や体をよりよく機能させます。)

根拠：The more we sleep, the more active and productive we can become.
(私たちは眠れば眠るほど，ますます活動的で生産的になることができます。)

＜反論の主張と根拠＞

主張：Doing more exercise is important, but it is not enough to increase productivity.
(より多くの運動を行うことは重要ですが，それは生産性を上げるには十分ではありません。)

根拠：To maximize our performance, sleeping more is the most important.
(私たちのパフォーマンスを最大限に発揮するには，より多くの睡眠が最も重要です。)

Logic Focus

ディベートとは，ある論題について肯定側と否定側の２チームに分かれ，一定のルールの下で行う論戦である。

議題：10代の若者は８時間から９時間の睡眠時間が必要である。

立論

①肯定側

みなさん，こんにちは。私たちは，10代の若者は８時間から９時間の睡眠時間が必要だと信じています。そう信じる２つの強い理由があります。まず，十分な睡眠を取れば，私たちの脳や体は正常に機能します。これが重要なのは，私たちは日中，スッキリとした心で活動しなければならないからです。次に，研究者が明らかにしたのですが，私たちは７時間を超える睡眠を取るべきだそうです。だから，８時間から９時間の睡眠は理にかなっていると思われます。

②否定側

私たちは８時間から９時間の睡眠は必要ないと強く信じます。それには２つの理由があります。１つ目の理由は，私たちが１日に多くのことをしなくてはならないからです。例えば，私たちには部活動がある一方で，やるべき多くの宿題もあります。寝る時間はないのです。２つ目の理由は，睡眠の時間よりも睡眠の質のほうが重要だということです。ですから，まず私たちがすべきことは，質の良い睡眠を取ることです。

反論

④否定側

彼ら（肯定側）は，私たちには８時間から９時間の睡眠が必要だという研究結果があると言っています。しかし，ナポレオンやトーマス・エジソンのように，ショートスリーパー（短眠者）が存在することも事実です。彼らはたくさん寝なくても偉業を成し遂げました。

〔まとめ〕私たちは，８時間から９時間の睡眠に利点が多いことは確かであるものの，短時間睡眠でも全く問題ないと結論づけます。重要なことは睡眠の量ではなく質です。どのくらいの睡眠時間が必要であるかは，人それぞれ異なります。

⑤肯定側

彼ら（否定側）は忙しくて寝る時間がないと言っています。しかし，もし睡眠不足のため，日中に眠ければ，本来やらなければならないことができません。

〔まとめ〕睡眠の量も質も，同様に重要です。したがって，私たちは７時間を超える質の良い睡眠が必要であると強く主張します。私たちが忙しいのは事実ですが，努力次第でもっと多くの睡眠時間を確保できます。

Let's try

問題文の訳

ディベートの議題：10代の若者は健康でいるためにサプリメントをとるべきか。

1. あなたのグループの中でディベーターと審判（そして司会）の役割を決めなさい。

2. それぞれのディベーターは２つの強い理由を見つける。

補充問題

1 (　　)内の語句を並べ替えて英文を完成させなさい。

1. The population of Tokyo (as / as / is / large / that / times / about ten) of our city.
   The population of Tokyo ______________________________ of our city.
2. Have you ever (a / more / this / than / seen / sight / beautiful)?
   Have you ever ______________________________?
3. (was / more / than / much / difficult / the exam) I had expected.
   ______________________________ I had expected.
4. She (in / the / dress / least / chose / expensive) the store.
   She ______________________________ the store.

2 日本語に合うように，下線部に適切な語句を補いなさい。

1. きちんと食べることは，規則的な運動をすることと同じくらい健康には大切です。
   Eating properly ______________________________ getting regular exercise.
2. 5千人もの人たちがそのキャンペーンに参加しました。
   ______________________________ part in the campaign.
3. そろそろ家に帰る時間だ。だんだん暗くなってきています。
   It's about time we went home. ______________________________.
4. あなたはその本を読めば読むほど，ますますわからなくなるでしょう。
   The ______________________________, ______________________________ it.
5. この城は私がこれまで訪ねた中で，最も古い建築物の1つです。
   This castle ______________________________ visited.

3 高校生のボランティア活動について，あなたの考えを100語程度の英文で書きなさい。

____

____

____

____

Lesson 12 What is important when we sell chocolate?

Topic Introduction

①When companies sell a product, profit is important. ②To increase profits, the company can increase the profit margin. ③However, a very expensive item will attract very **few** customers. ④On the other hand, a very cheap product may **not necessarily** sell well either. ⑤According to a survey, when customers in a restaurant chose from three differently priced full-courses, many of them showed any interest in **neither** the most expensive **nor** the cheapest option. ⑥They chose the middle price. ⑦It is **not always** easy to set an appropriate price.

①企業が製品を販売する際，利益は重要である。②利益を多くするために，企業は利益率を上げる。③しかし，とても高価な商品では，客の関心を引くことはほとんどないだろう。④一方で，とても安価な商品でも，必ずしもよく売れるというわけではないかもしれない。⑤ある調査によると，レストランの客が3つの異なった価格のフルコースから選択する際，多くは最も高額または最も低額の選択肢には少しも関心を示さなかった。⑥多くの客は中間の価格を選択した。⑦的確な価格設定は必ずしも簡単とは言えない。

語句と語法のガイド

product [prá(:)dʌkt]	名 製品 ▶ produce 動 ～を製造する
margin [má:rdʒɪn]	名 利ざや，マージン ▶ profit margin 熟 利益率，利益幅
item [áɪtəm]	名 商品，品目
necessarily [nèsəsérəli] アクセント	副 (否定語とともに)必ずしも～ではない
differently [dífərəntli]	副 異なって ▶ different 形 異なった
priced [praɪst]	形 価格のつけられた ▶ price 動 ～に値段をつける
neither A nor B	熟 A も B もどちらも～ない ▶ neither [ní:ðər] 発音
option [ɔ́pʃən]	名 選択肢 ▶ optional 形 選択のきく
appropriate [əpróʊpriət] 発音	形 適当な，適切な

解説

③ **However, a very expensive item will attract very few customers.**

〈few＋複数名詞〉で「(数が)ほとんどない」の意味を表す。very を前に置いて否定の意味を強調している。EB7

④ **On the other hand, a very cheap product may not necessarily sell well either.**

not necessarily は部分否定。EB4

either は否定文で「～もまた(…でない)」という意味。

⑤ **... showed any interest in neither the most expensive nor the cheapest option.**

neither A nor B で「A も B もどちらも～ない」という意味。

⑦ **It is not always easy to set an appropriate price.**

not always は部分否定。 **EB4**

Listening Task

Circle T for True or F for False. (正しければT,間違っていればFに○をつけなさい。)

(!ヒント)

1. 英文には，客はとても高価な商品に興味を持つと書かれているか。(→③)
2. レストランにおける調査で，3つの異なった価格のコースが提供されたか。(→⑤)
3. レストランの調査では，調査における客の多くが最も低額の選択肢を選んだと示されていたか。(→⑤⑥)

Example Bank

否定を表す

A no＋名詞，否定の意味を含む語

1. The salesperson had **no** sales this month.
   (その販売員は今月まったく売り上げがなかった。)
2. **No one** selected the cheapest goods.(誰も最安値の商品を選ばなかった。)
3. **None** of the colleagues came up with good ideas.
   (どの同僚も良い考えを思いつかなかった。)

解説

否定語

否定語には not や never，no や nobody などさまざまなものがあるが，それぞれの意味の違いや，文中での位置に気をつける必要がある。

not / never

動詞を否定して **not** は「**〜ではない**」, **never** は「**まったく〜ない**」と**文全体を否定**する。

⇨ Kate **never** eats meat. (ケイトは決して肉を食べません。)
↑副詞なので主語が3人称単数で現在の文では動詞に s[es]が付く

not や never は**否定する語句の直前**に置かれる。

⇨ Bill is from New Zealand, **not** Australia.(ビルはオーストラリアではなく，ニュージーランド出身です。)
[語を否定]

⇨ Tom promised **never** to tell a lie.(トムは決して嘘をつかないと約束しました。)
[不定詞を否定]

注意すべき not の位置

think，believe，suppose，imagine，expect などの**思考**を表す動詞を使った文で that 節の内容を否定する場合，I don't think (that) 〜. のように主節の動詞を否定して言うのがふつうである。直訳では「両親が同意するとは思わない」となるが，「〜ではないと思う」と訳す場合も多い。

⇨ I don't think (that) my parents will agree.(私の両親は同意しないと思います。)
主節

名詞に否定語を付けて否定を表す

英語では，動詞だけでなく**名詞**にも否定語を付けて，**文全体の内容を否定**できる。

〈no ＋名詞〉

1. **no** は名詞を伴って「**1つ[1人]の〜も…ない，少しの〜も…ない**」と名詞の数や量がゼロであることを表す。可算名詞にも不可算名詞にも使うことができる。〈no ＋名詞〉は〈not ... any ＋名詞〉,〈not ... a ＋単数名詞〉で表すことができる。

⇨ I have **no** plans for the weekend.(週末の予定は何もありません。)

➡ I do**n't** have **any** plans for the weekend. [no ＝ not ... any 〜]

《注意》〈no ＋単数名詞／数えられない名詞〉は単数扱い，〈no ＋複数名詞〉は複数扱い。

⇨ **No** students are allowed to enter the room.
(どの生徒もその部屋への入室は許されていません。)

主語の前に no をつけると**文全体を否定**する。any 〜 not ... の語順や，文頭での Not any 〜 の形で書きかえることはできない。

noのついた否定語

2. **no one**[**nobody**]は**人**に用いられ，「**誰も〜ない**」という意味。単数扱い。代名詞で受ける場合，堅い表現では he / she だが，they で受けることも多い。

⇨ **Nobody** *has* finished their work. (誰も仕事を終えていません。)

nothing は「**何も〜ない**」を表す。単数扱い。

⇨ She said **nothing**.

➡ She did**n't** say **anything**.(彼女は何も言いませんでした。)

none と neither

3. **none** は**人，物**どちらにも用いられる。〈**none of ＋複数形の(代)名詞**〉で「**どれも[誰も]…ない**」という意味。単数扱い，複数扱いの両方可能だが，口語では複数扱いにすることが多い。

対象が2つ[2人]の場合は **neither of 〜**を用いる。

⇨ **Neither of** them were[was] injured.(彼らのうちのどちらもけがをしませんでした。)

neither A nor B で「**A も B もどちらも〜ない**」という意味になる。neither A nor B が文の主語になる場合，原則として動詞の形は B の人称・数に一致させる。

⇨ **Neither** my sister **nor** I am very outgoing.(姉[妹]も私もあまり社交的ではありません。)

B 部分否定

4. Expensive products are **not always** good.(高価な商品が必ずしも良いとは限らない。)

5. The company could **not** satisfy **all** their consumers.
(その企業は全ての消費者を満足させることはできなかった。)

6. He did**n't** like **both** of the products.(彼はその商品のどちらも好きというわけではなかった。)

解説

部分否定

「**すべてが〜というわけではない**」のように一部分を否定する表現が**部分否定**である。all などの形容詞や always などの副詞を用いて表す。

not always

4. **not** の後に **always** や **completely**[**entirely**, **absolutely**, **totally**]などの常時・完全・

全体を表す副詞が続くと「**いつも〜というわけではない，完全に〜というわけではない**」という部分否定の意味になる。

+ 部分否定をつくる副詞には，not necessarily（必ずしも〜というわけではない），not quite[altogether]（まったく〜というわけではない）などがある。

not all[every]

5. **not** が **all**[**every**]の前に置かれて「**すべての〜が…というわけではない**」という**部分否定**の意味を表す。**all** の後は名詞の**複数形**（ただし，数えられない名詞の場合は単数形），**every** の後は**単数形**になる。文頭で **Not all 〜**や **Not every 〜**という形で用いることもできる。

⇨ **Not** all students have a computer.

➡ **Not** every student has a computer.

（すべての生徒がコンピューターを持っているわけではありません。）

not 〜 both ...

6. both の否定文 **not 〜 both ...** は「**…の両方とも〜というわけではない**」という部分否定。

⇨ I have**n't** seen **both** of his brothers.［部分否定］

（私は彼の兄弟両方に会ったことがあるわけではありません。）

+ 「**どちらの…も〜ない**」は **neither / not 〜 either ...** を使う。［全否定］

⇨ He liked **neither** of the products.

➡ He did**n't** like **either** of the products.

（彼はその商品のどちらも好きではありませんでした。）

●部分否定と全否定

	部分否定	全否定
3つ以上を否定	not all (of 〜) ... / not every 〜 ... not ... all (of 〜) / not ... every 〜 （すべて（の〜）が…というわけではない）	none (of 〜) / no 〜 / no one nobody / not ... any 〜 （（〜の）どれも［誰も］…ない）
2つを否定	not ... both (of 〜) （（〜の）両方とも…というわけではない）	neither 〜 / not ... either 〜 （〜のどちらも…ない）

C　準否定

7. Very **few** people know how to update the app to the latest version.
（そのアプリケーションの最新版への更新方法を知っている人はほとんどいない。）

8. The customer had **little** satisfaction with the new product.
（その顧客は新しい商品にほとんど満足していなかった。）

9. The business team **hardly** got any information about their target customers.
（そのビジネスチームはターゲットとなる顧客についての情報をほとんど得ていなかった。）

解説

few / little

7. 〈**few ＋可算名詞の複数形**〉で「（数が）**ほとんどない**」の意味を表す。ここでは very を前に置いて否定の意味を強調している。**a few** を用いると「少しある」と肯定の意味になる。few は代名詞としても用いることができる。

8. 〈**little +不可算名詞**〉で「(量が)**ほとんどない**」を表す。**a little** を用いると「少しある」と肯定の意味になる。little には代名詞の用法もある。

hardly [scarcely]

9. **hardly [scarcely]** は「(程度が)**ほとんど〜ない**」という意味で，**程度**を表す準否定語の副詞。**rarely [seldom]** は「(頻度が)**めったに〜ない**」という意味で，**頻度**を表す準否定語の副詞。

《注意》頻度を表す副詞の often や never などと同じように，一般動詞の前，あるいは be 動詞や助動詞の後に置かれる。

二重否定

文の中で〈否定+否定〉となることで肯定の意味を表すものを**二重否定**という。

⇨ There is **no** rule **without** exceptions.(例外のないルールなどありません。)
→どんなルールにも例外はあるという意味

否定の慣用表現

・not ... until 〜「〜して初めて…する，〜までは…しない」

⇨ He did**n't** go abroad **until** he was 40.(彼は 40 歳になって初めて海外に行きました[40 歳になるまで海外に行きませんでした]。)

・cannot [can't] 〜 too ...「いくら〜してもしすぎることはない」

⇨ You **cannot [can't]** be **too** careful when you drive.
(車を運転するときはいくら注意してもしすぎることはありません。)

・no longer「もはや〜ない」

⇨ She **no longer** believes in Santa Claus.
(彼女はもはやサンタクロースの存在を信じていません。)

➡ She does**n't** believe in Santa Claus **any longer [anymore]**.

・nothing but 〜「ただの〜，〜にすぎない」

⇨ He is **nothing but** a liar.(彼はただのうそつきです。)

否定語のない否定表現

・the last ... +関係詞節「決して〜しない…だ」

⇨ He is **the last person who** would tell a lie.(彼は決してうそをつくような人ではありません。)

・far from 〜「決して〜ない，〜どころではない」

⇨ This plan is **far from** perfect.(この計画は決して完璧ではありません。)

・free from 〜「(欠点・苦悩など)がない」

⇨ This place is **free from** danger.(この場所には危険がありません。)

Try it out!

1 **(　　)内から適切な語を選んで，文を完成させましょう。**

！ヒント ➜ EB1,3,7,8,9

1. ・few「(数が)ほとんどない」は可算名詞に，little「(量が)ほとんどない」は不可算名詞に付く。

・people は複数扱いの可算名詞であることを確認すること。

・「その商品をオンラインで買った人はほとんどいませんでした。」

2. ・no は名詞を伴って「1 つ[1 人]の〜も…ない，少しの〜も…ない」という意味を表す。可算名詞にも不可算名詞にも使うことができる。
・「プロジェクトチームはどのように新型製品を宣伝すべきか全くわかりませんでした。」

3. ・〈none of ＋複数形の(代)名詞〉で「〜のどれも[誰も]…ない」という意味。
・「昨日その店の商品はどれも売れませんでした。」

4. ・hardly は「(程度が)ほとんど〜ない」という意味で，程度を表す準否定語の副詞。
・「その会社は新製品をほとんど売ることができませんでした。」

語句と語法のガイド

have no idea of 〜	熟 〜について全くわからない
promote [prəmóʊt]	動 〜の販売を促進する ▶ promotion 名 販売促進
model [mɑ́(:)dəl] 発音	名 型，モデル ▶ new model 熟 新型
goods [gudz]	名 商品，品物

練習問題① **(　　)内から適切な語を選んで，文を完成させましょう。**

1. There are (few / little) shops that sell imported goods around here.
2. The man paid (not / no) attention to others, so he failed in business.
3. (None / No) of his credit cards were accepted by the online shop.
4. They thought the problem was (hard / hardly) worth discussing.

練習問題② **日本語に合うように，(　　)内の語を並べ替えて英文を完成させましょう。**

1. 彼女がなぜ私についてそんなことを言うのかわかりません。
   (no / have / why / I / idea) she says such things about me.
2. すべての馬が速く走れるわけではありません。
   (horses / all / can / not / fast / run).
3. 私は彼の小説の両方を読んだことがあるわけではありません。
   (his / I / of / read / both / haven't / novels).
4. 彼は私の言うことに注意を払いませんでした。
   (to / didn't / he / any / pay / what / attention) I said.
5. その質問を尋ねられた時，手を挙げた生徒は誰もいませんでした。
   (students / raised / none / the / of / hands / their) when asked the question.

練習問題③ **次の日本語を英文に直しましょう。**

1. 背の高い人が必ずしも良いバスケットボール選手とは限らない。
2. 日曜日がいつでも暇というわけではありません。
3. 彼女のグラスにはワインがほとんど残っていなかった。
4. 今や 50 年前のその出来事を覚えている人はほとんどいない。

2　**ビジネスの成功について同僚と議論している場面を想定しましょう。下線部に同僚の発言に対するあなたの考えを入れて，会話を完成させましょう。[　　]内の表現を使っても構いません。答えるときは理由や具体例を加えてみよう。**

（！ヒント） ➡EB ⒶⒷⒸ

否定を表す表現に注意する。〈little ＋不可算名詞〉で「(量が)ほとんどない」ことを表す。not が all[every]の前に置かれて「すべての～が…というわけではない」という部分否定の意味を表す。〈none of ＋複数形の(代)名詞〉で「どれも[誰も]…ない」という意味。

1. Colleague: Our own ideas are important, so we shouldn't change them easily.
   (私たち自身の考えは大切ですから，それらを安易に変えるべきではありません。)

   You: (例) I disagree. It'll be difficult to succeed if you pay **little** attention to other people's advice. [pay **little** attention(ほとんど注意を払わない)]
   (私は反対です。もしあなたが他の人の助言にほとんど注意を払わないならば，成功することは難しいでしょう。)

2. Colleague: Customers are really important, so we should respond to all their requests.(顧客は本当に大切ですから，私たちは彼らのすべての要求に応えるべきです。)

   You: ______[**not** respond to **all** the requests(すべての要求に応えるわけではない)]

3. Colleague: We should rethink the main dish on the menu.
   (私たちはメニューのメインディッシュを再考するべきです。)

   You: ______[**none** of the people who tried it(それをやってみた人は誰もいませんでした)]

語句と語法のガイド

colleague [kɑ́(ː)liːg] 発音	名 同僚
attention [ətén∫ən]	名 注意 ▶ pay attention to ～ 熟 ～に注意を払う
respond to ～	熟 ～に応える ▶ response 名 応答
request [rɪkwést]	名 要求，依頼 ▶ 動 ～を求める
rethink [rìːθíŋk]	動 ～を再考する

（解答例）

1. Colleague: Our own ideas are important, so we shouldn't change them easily.
   (私たち自身の考えは大切ですから，それらを安易に変えるべきではありません。)

   You: I agree. It is not good to change our ideas too easily because we can confuse other people around us.(私は賛成です。周囲の人を混乱させる可能性があるので，私たちの考えをあまりにも安易に変えることはよくありません。)

2. Colleague: Customers are really important, so we should respond to all their requests.(顧客は本当に大切ですから，私たちは彼らのすべての要求に応えるべきです。)

   You: We should make every effort to respond to many kinds of requests from customers. However, when their requests seem unreasonable, it is not always necessary to respond to them.(私たちは顧客からのさまざまな要求に応えるようあらゆる努力をするべきです。しかし，彼らの要求が理不尽に思われるときは，必ずしもそれらに応える必要はないのです。)

3. Colleague: We should rethink the main dish on the menu.
   (私たちはメニューのメインディッシュを再考するべきです。)

   You: It's an interesting idea, but it is hard to do. We have no time to discuss

it, and there are many things to think about, like how to order foodstuffs.
(興味深いアイデアですが，行うのは難しいです。私たちは話し合う時間が全くありませんし，食材の注文方法など，考えるべきことがたくさんあります。)

3 ある社会実験で，人々がポップコーンを購入する様子が観察されました。実験結果を示す図から分かることをペアで伝え合いましょう。また，人の消費動向について自分の考えや意見を述べてみよう。

!ヒント ➡ EB Ⓐ Ⓑ

no one(誰も～ない)などを使って，図から分かることを述べる。そして，not always(必ずしも～でない)などを使って，人の消費動向について自分の考えを述べる。

(例) In Group 1, almost **no one** chose the large size, but in Group 2, many more people chose the large size even though the large size in both groups was the same price and of the same quantity. People tend to choose something in comparison with other things. We **cannot always** say that people buy something because they really like it.
(両グループのＬサイズは同じ値段で同量のものなのに，グループ１では，Ｌサイズを選ぶ人はほとんどいませんでしたが，グループ２では多くの人たちがＬサイズを選びました。人々には他のものと比べて何かを選ぶ傾向があります。人々は本当に気に入っているから何かを買うとは必ずしも言えないのです。)

語句と語法のガイド

even though ～	熟 ～であるのに，～ではあるが
quantity [kwɑ́(:)ntəti]	名 量 ▶ 反 quality 名 質
in comparison with ～	熟 ～と比べて ▶ comparison [kəmpǽrɪsən] 名 比較

解答例

In Group 1, there were two sizes, and almost no one chose the large size. In Group 2, a much higher number of people chose the large size from three sizes. In both groups, the large size and the small size were the same price. In Group 2, the large size was only $0.5 more expensive than the medium size, which was not in Group 1. I suppose the medium size played an important role and made people choose the large size in Group 2. They may have thought, “The large size and the medium size are almost the same price, so we should buy the large size.” In my opinion, when people buy something, having other things to compare can affect their decision on what to buy.
(グループ１では，２つのサイズがあって，Ｌサイズを選ぶ人はほとんどいませんでした。グループ２では，３つのサイズからＬサイズを選ぶ人がはるかに増えました。両グループのＬサイズとＳサイズは同じ値段でした。グループ２では，Ｌサイズは，グループ１にはなかったＭサイズよりほんの0.5ドル高いだけでした。グループ２ではＭサイズが重要な役割を果たして，人々にＬサイズを選ばせたと私は思います。彼らは「ＬサイズとＭサイズがほとんど同じ値段なので，Ｌサイズを買ったほうがよい」と思ったのかもしれません。私の意見では，人が何かを買うとき，比較する物が他にあることで何を買うべきかという判断に影響を与える可能性があります。)

Expressing

STEP 1

問題文の訳

ディスカッションを聞いて，それぞれの人物の主な考えを選びなさい。

！ヒント

それぞれの人物が重要だと言っていることを聞き取る。
①私たちのターゲットとなる顧客のニーズを知ることが重要です。
②理想的なチョコレートを開発することが重要です。
③低価格でチョコレートを売ることが重要です。

STEP 2

問題文の訳

仮にあなたがチョコレート店で働いていて，売り上げを増やすために何が大切か考えているとしましょう。

1. あなたはいつチョコレートを買いますか。いくらそれに使いますか。グループで活動しなさい。
2. チョコレートの売り上げを増やすためのアイデアをブレーンストーミングしなさい。よいアイデアを選んで，それを裏付ける情報を見つけなさい。

！ヒント

1. (例)私はバレンタインデーにチョコレートを買います。／私はふつう合計で1,500円使います。
2. あなたのアイデア：(例)イベントを考案して促進することが大切です。
   情報：(例)日本ではバレンタインデーが2月にあるのが主な理由で，チョコレートは冬に一番売れます。

解答例

1. I buy chocolate for my friends' birthdays. / I usually spend less than 1,000 yen.
   (私は友だちの誕生日にチョコレートを買います。／私はふつう 1,000 円未満使います。)
2. あなたのアイデア：To focus on targeting people in their 50's and 60's is important.
   (販売対象を 50 代と 60 代の人に絞ることが大切です。)
   情報：A survey shows that more and more people in that generation are buying chocolate year by year.(ある調査によると，その世代でチョコレートを買う人は年々増加していることがわかります。)

STEP 3

問題文の訳

グループで，「チョコレートの売り上げを増やすために重要なこと」というトピックについて話し合いなさい。他の人の考えを聞いて，書き留めなさい。

！ヒント

他の人のアイデア：(例)Researching the needs of customers is important.
(顧客のニーズを調査することが重要です。)

解答例

Considering the target customers is important.
(ターゲットとなる顧客を考察することが重要です。)

Logic Focus

ディスカッションとは，ある論題について複数の人たちが共に意見を出し合い，理解を深めることをいう。ディスカッションを通して，より広い視野で物事を考えたり，課題についての解決策を話し合って提案の形にまとめたりすることもある。さまざまな意見を出し合い，意見交換を通して，自分の考えを修正し深めることが大切である。

例文の訳

議題：チョコレートの売り上げを伸ばすために何が重要か？

司会者：チョコレートの売り上げを増やすために何が重要かを話し合ってみましょう。奈央，最初にどうぞ。

奈央：私の意見では，チョコレートを販売する時期が大切だと思います。ある調査によると，チョコレートは2月に最も売れるのですが，他の時期には販売される数が少なくなります。日本では，2月にはバレンタインデーという大きなイベントがあります。もしバレンタインデーとは別の[冬以外の] 時期に新しいイベントが考案され，宣伝されれば，より多くのチョコレートが販売可能になると思います。

司会者：ありがとう，奈央。よいポイントですね。販売時期は重要です。デイビッドはどうですか。

デイビッド：奈央に賛成です。加えて，消費者のニーズを調査することが重要に思えます。インターネットで人気のあるチョコレートのランキングを見て驚きました。最も人気のあったチョコレートはそれほど安いものではありませんでした。安いチョコレートが必ずしも人気があるわけではないことが分かりました。このような傾向や情報を知らなければ，ほとんど売り上げを増やせません。

司会者：ありがとう，デイビッド。そろそろ時間です。ここで終わらなければなりません。二人が言及してくれた情報は，よく売れるチョコレートを作るのに有益です。

司会者：ディスカッションを始める
話者1：自分の意見を述べる
司会者：発言の内容をまとめ，別の参加者に発言を促す
話者2：別の参加者の発言にコメントし，自分の意見を述べる
司会者：ディスカッションを終わらせる

■ディスカッションに用いられる表現

発言に賛成したり，同意したりする	● Exactly. ● I agree that ~	● You are right. ● I take your point.	● That's right. ● That's exactly what I think.
発言に反対したり，違った意見を述べたりする	● I don't think ~ ● I don't agree with ~ ● I disagree with ~	● I see your point, but ~ ● I admit ~, but ... ● I'm not so sure.	● That may be true, but ~ ● I see what you're saying, but ~
発言の内容がよく分からないとき	● What do you mean?	● Excuse me, but what is ~?	

Let's try

問題文の訳

あなたのグループのディスカッションを要約して，それをクラスの生徒たちに発表しなさい。

補充問題

1 日本語に合うように，（　　）内の語句を並べ替えて英文を完成させなさい。

1. 彼女の決意はとても固かったので，誰も彼女を止めることができませんでした。
Her determination was (no / could / one / stop / that / her / so firm).
Her determination was ____________________________________.
2. 生徒たちは誰も学校に遅刻しませんでした。
(of / for / none / school / were / late / the students).
____________________________________.
3. あなたの方法は必ずしも最良の方法とは限りません。
(is / way / not / the / always / best / your method).
____________________________________.
4. 同窓会で彼女のことがわかった人はほとんどいませんでした。
(at / few / her / very / people / recognized) the alumni reunion.
____________________________ the alumni reunion.
5. 私は彼の言っていることがほとんど理解できません。
(he / I / what / can / says / understand / hardly).
____________________________________.

2 次の日本語を英文に直しなさい。ただし，（　　）内の語を必要に応じて変化させて使うこと。

1. 私は自分のしたことに何の後悔もありませんでした。(regret)
____
2. 科学が私たちのすべての疑問に答えられるわけではありません。(question)
____
3. 私は，その小説を両方とも読んだことがあるというわけではありません。(novel)
____
4. 私はスピーチの準備をする時間がほとんどありませんでした。(time)
____

3 携帯電話の良い点もしくは悪い点について，あなたの考えを 100 語程度の英文で書きなさい。

____
____
____
____

Build Up 6 コミュニケーションのためのストラテジー

解説

1 会話をスムーズに進行するために

互いの理解を確認する

a. Ms. Evans: People respect you when you deserve to be respected. *Do you know what I mean?*(あなたが尊敬に値するとき,人々はあなたを尊敬します。私の言いたいことがわかりますか。)

You: Well, I think I do.(えーと，わかると思います。)

【表現】 Do you get it?(理解してもらえたでしょうか。)/ Am I clear?(何を言っているかわかりますか。)/ Are you with me?(私の話にちゃんとついてきていますか。)/ Do you understand (what I am trying to say)?((私が言おうとしていることを)理解していますか。)

b. You: Let's get together on Friday.(金曜日に集まりましょう。)

Mat: *Do you mean* this coming Friday or Friday next week?(今週の金曜日のことですか。それとも来週の金曜日のことですか。)

【表現】 You mean ～.(～ということですね。)/ Do you mean to say ～?(つまり～ということですか。)/ Are you saying that ～?(～ということですか。)/ What you are saying is that ～.(あなたが言っていることは～ですね。)/ Am I right in thinking that ～?(～と考えてよいでしょうか。)

繰り返しや説明を求める

a. Mr. Taylor: Japan is ahead of the world in developing maglev trains.
(磁気浮上式鉄道の開発で日本は世界に先駆けています。)

You: Sorry, I didn't catch that. *Could you say that again?*
(すみません，聞き取れませんでした。もう一度言っていただけますか。)

Mr. Taylor: Maglev trains. They are also known as linear motor trains.
(磁気浮上式鉄道。それはまたリニアモーター列車としても知られています。)

【表現】 Pardon? / Sorry?(もう1度言ってください。)/ Come again?(もう1度言って。)/ What was that?(何だって。)

b.Kate: I'll think about it.(考えておきます。)

You: *What do you mean?*(どういう意味でしょうか。)

【表現】 Could you explain a little more (about it)?((それについて)もう少し説明していただけますか。)/ Could you elaborate on that?(それについて詳しく述べていただけますか。)/ Can you tell me why [how, etc.]?(なぜ[どのように，など]か教えてくれますか。)

2 会話をとんざさせないために

言い換える，パラフレーズする

You: My brother is a ... *His job is to put out fires.*(兄[弟]は… 彼の仕事は火事を消すことです。)

Vivian: You mean, firefighter.(消防士ということですね。)

助けを求める

You: I want to be a ... *What do you call* a doctor for animals?
(私は…になりたいです。動物の医者を何と呼びますか。)

David: Veterinarian, or vet, for short.
(veterinarian(獣医)または略して vet(獣医)です。)

【表現】 What's the English for ～?(～に対する英語は何ですか。)/ How do you say ～ in English?(～を英語ではどのように言いますか。)

3 伝わりやすくするために

難解な表現を避ける

a. It was *futile* to protest. ➡ It was *useless* to protest.
(抗議することは無駄でした。)

b. This dish *exemplifies* Japanese cooking.
(この料理は日本料理を例示しています。)
➡ This dish *is an example of* Japanese cooking.
(この料理は日本料理の 1 例です。)

c. We must *not spare any effort* to win.
(私たちは勝つための努力を惜しんではいけません。)
➡ We must *do our best* to win.
(私たちは勝つために最善を尽くさなければなりません。)

複雑な構造の文を避ける

a. *I wonder if we shouldn't* ask our teacher for advice.
(私たちは先生にアドバイスを求めるべきではないのかと思います。)
➡ We *should* ask our teacher for advice, *don't you think?*
(私たちは先生にアドバイスを求めるべきだと思いませんか。)

b. I suggest postponing the event for a month, *which I think is* the best option.
➡ I suggest postponing the event for a month. *I think that's* the best option.
(私はイベントを 1 カ月延期することを提案します。それが最善の選択肢だと思います。)

固有の文化に根差したイディオムを避ける

a. It's time to *call a spade a spade.*(call a spade a spade：率直にものを言う)
➡ It's time to *speak frankly.*(率直に話すときです。)

b. Graffiti is *as American as apple pie.*(as American as apple pie：きわめてアメリカ的な)➡ Graffiti is *typically American.*(落書きはいかにもアメリカ的なものです。)

c. You'*re barking up the wrong tree* if you expect me to help you.(bark up the wrong tree：見当違いをする)➡ You'*re mistaken* if you expect me to help you.
(もし私に手伝ってほしいと思っているのなら，あなたは間違っています。)

d. He said he could have won if it wasn't raining. *That's just sour grapes.*(sour grapes：負け惜しみ)
➡ ... *He just doesn't want to accept defeat.*(彼は雨が降っていなければ勝っただろうと言いました。彼はただ負けを認めたくないのです。)

Practice

1 1日の終わりにあなたと友人のAndyが話している場面を想定して，やりとりしましょう。

！ヒント

What do you mean by 〜?(〜とはどういう意味でしょうか)のような説明を求める表現を使う。

Andy: It's been a hectic day.(大忙しの一日だったね。)

You: (例)**What do you mean by** "hectic"? ("hectic" とはどういう意味なの。)

Andy: **It means** "very busy." I'm sure you are worn out.
(「とても忙しい」という意味だよ。君は疲れきっているに違いないね。)

You: Yes, I'm (例)very tired, if that's what you mean.
(ええ, もしあなたがそういう意味で言っているのだとしたら, 私はとても疲れているわ。)

解答例

Andy: It's been a hectic day.(大忙しの一日だったね。)

You: What does the word "hectic" mean? ("hectic" という単語はどういう意味なの。)

Andy: It means "very busy." I'm sure you are worn out.
(「とても忙しい」という意味だよ。君は疲れきっているに違いないね。)

You: Yes, I'm exhausted, if that's what you mean.
(ええ, もしあなたがそういう意味で言っているのだとしたら, 私はとても疲れているわ。)

2 あなたと友人が話しています。会話の展開を考えてやりとりしましょう。

！ヒント

a では，言い換える，パラフレーズする表現を使う。b では，What do you call 〜 in English?(〜は英語で何と呼びますか)といった助けを求める表現を使う。

a. Kevin: What does your mother do?(お母さんの仕事は何？)
You: She is a ...(例)a doctor who treats people's teeth.(母は…人の歯を治療する医者なの。)
Kevin: (例)Oh, she's a dentist.(ああ，歯医者だね。)

b. Louise: I love tofu!(私は豆腐が大好きなの！)
You: Me, too. By the way, (例)what do you call tofu in English?
(私も。ところで，豆腐は英語で何と呼ぶの。)
Louise: (例)Bean curd, perhaps, but "tofu" is already an English word.
(おそらく bean curd ね。でも，"tofu" はすでに英語の単語よ。)

解答例

a. Kevin: What does your mother do?(お母さんの仕事は何？)
You: She is a ... someone who serves food and drinks to passengers on a plane.(母は…飛行機で乗客に食べ物や飲み物を出す人なの。)
Kevin: Oh, she's a flight attendant.(ああ，客室乗務員だね。)

b. Louise: I love tofu!(私は豆腐が大好きなの！)
You: Me, too. By the way, (例)how do you say tofu in English?
(私も。ところで,「豆腐」は英語で何と言うの。)

Louise: (例) We say "bean curd." Tofu is popular in my country because it is healthy. ("bean curd" と言うの。豆腐は健康によいので私の国で人気があるのよ。)

3 例にならって a, b の文をより伝わりやすい英語で言いかえましょう。

!ヒント

a のような難解な表現や複雑な構造の文, b のような固有の文化に根差したイディオムを避けるようにする。

(例) Australians are generally sociable. (オーストラリア人は一般的に社交的です。)

➡ Australians are generally friendly. (オーストラリア人は一般的に友好的です。)

a. It is inconceivable how some people can be indifferent to climate change.
(どのようにして気候変動に無関心でいられる人が中にはいるのか考えも及びません。)

b. The task was a piece of cake. (その仕事は簡単なことでした。)

補充問題

1 日本語に合うように，（　　）に適切な語を入れなさい。

1. あなたが言っていることは，あなたにはそれができないということですね。
   (　　　　) you are saying is that you can’t do it.
2. それについて詳しく述べていただけますか。
   Could you elaborate (　　　　) that?
3. タコに相当する英語は何ですか。
   What is the English (　　　　) *tako*?
4. 私たちは先生にアドバイスを求めるべきだと思いませんか。
   We should ask our teacher for advice, (　　　　) (　　　　) (　　　　)?

2 日本語に合うように，（　　）内の語を並べ替えて英文を完成させなさい。

1. 私が言おうとしていることを理解していますか。
   Do you understand (I / to / am / say / trying / what)?
   Do you understand ______________________________?
2. 彼が間違っていると考えてよいでしょうか。
   (I / in / am / thinking / that / right) he is mistaken?
   ______________________________ he is mistaken?
3. そのプロジェクトについてもう少し説明していただけますか。
   (a / you / more / could / little / explain) about the project?
   ______________________________ about the project?
4. なぜあなたがそう思ったのか教えてくれますか。
   (me / you / you / can / tell / why) thought so?
   ______________________________ thought so?

3 次の日本語を英文に直しなさい。ただし，（　　）内の語を使うこと。

1. 私の言いたいことがわかりますか。(mean)
   ____
2. すみません，聞き取れませんでした。もう一度言っていただけますか。(could)
   ____
3. “quest” とはどういう意味ですか。(mean)
   ____
4. カラオケは英語で何と呼びますか。(call)
   ____

Activity 1 Interview

Situation

あなたが道路を歩いていると，テレビの取材班があなたの将来の目標について尋ねてきます。

Target

□(インタビューする人)質問を6つしなさい。
□(インタビューされる人)それぞれの質問に10秒以内に答えなさい。

Conditions:(条件)

Interviewer(インタビューする人)
・インタビューされる人にしたい質問を準備しなさい。あまりにも個人的な質問は避けなさい。
・インタビューされる人に質問し始めなさい。
・尋ねるのをやめないでください。

Interviewee(インタビューされる人)
・右ページに出ている人物のうちの1人になりきりなさい。
・(選んだ人物の)個人情報を作成し，インタビューに備えなさい。
・(選んだ人物の)将来の目標についてのメモを書きなさい。
・それぞれの質問にできるだけ長く答えるようにしなさい。理由や例を添えなさい。

Words & Expressions

Interviewer	Interviewee
・Hi, can I ask you some questions? (こんにちは，いくつか質問をしてもよろしいですか。) ・Where are you going? (どこに行くところですか。) ・How's your school life? (学校生活はいかがですか。) ・What is your favorite anime? (好きなアニメは何ですか。) ・What is your future dream? Why ...? (あなたの将来の夢は何ですか。なぜ…。) ・How ...? (どのように…。) ・By when ...? (いつまでに…。) ・Where ...? (どこに…。)	・I was going to ... with my ... (…と一緒に…するつもりでした。) ・After that we ... (そのあと私たちは…。) ・My school is great. We have ... My classmates ... (私の学校はすばらしいです。私たちは…があります。クラスメートは…。) ・My future dream is to be/have ... (私の将来の夢は…になること[を持つこと]です。) ・After I graduate from high school, I ... (高校を卒業したら，私は…。) ・I have to ... (私は…しなければなりません。)

Goal

□ I can make a prompt reply in interviews.
(インタビューで即答することができる。)

MEMO TAKING(メモを取る)

As an Interviewee (インタビューされる人として)	As an Interviewer (インタビューする人として)
Going to a shopping mall (ショッピングモールへ行く) Dream - To be a teacher (夢：教師になること)	Loves classmates (クラスメートが大好き) Favorite anime - Doraemon (好きなアニメ：ドラえもん)

(対話例)

Interviewees: A

(Interviewer: A, Interviewee: B)

(インタビューする人：A　インタビューされる人：B)

A: Hi, can I ask you some questions?
(こんにちは，いくつか質問をしてもよろしいですか。)

B: Sure.
(もちろんです。)

A: Where are you going?
(あなたはどこに行くところですか。)

B: I'm going to the library. I have a lot of homework to do today.
(私は図書館に行くところです。今日は宿題がたくさんあるので。)

A: Oh, that seems hard. Are you a student?
(ああ，大変そうですね。あなたは学生さんですか。)

B: Yes, I'm a university student. I study Japanese and Japanese culture.
(はい，大学生です。私は日本語と日本の文化を勉強しています。)

A: Nice! Why do you study them?
(いいですね！ どうしてそれらを勉強しているのですか。)

B: Well, I love Japanese anime, so I want to know about Japan. Japanese is a difficult language for me, but I love *kanji*. It's cool.
(ええと，私は日本のアニメが大好きなので，日本について知りたいのです。日本語は私にとっては難しい言語ですが，漢字が大好きです。かっこいいので。)

A: That's true. Have you ever visited Japan?
(そうですね。今まで日本を訪れたことはありますか。)

B: Yes, I've been there twice. I actually visited Japan last year. I enjoyed shopping and sightseeing. I tried wearing a kimono. It was my best memory.
(ええ，2回行ったことがあります。実は昨年日本を訪れました。買い物や観光を楽しみました。着物も着てみました。それは私の一番の思い出です。)

A: How nice! Well, you said you loved Japanese anime, right? What is your favorite anime?
(なんてすてきなのでしょう! ええと,あなたは日本のアニメが大好きだとおっしゃいましたよね。あなたの好きなアニメは何ですか。)

B: My favorite anime is "Kimetsu no yaiba." The story is really exciting!
(私の好きなアニメは『鬼滅の刃』です。ストーリーがとてもおもしろいです!)

A: That's a great anime. I love it, too. OK, this is the last question. What is your future dream?
(あれはすばらしいアニメですね。私も大好きです。では,最後の質問です。あなたの将来の夢は何ですか。)

B: My future dream is to be a cartoonist. I want to draw my own comics in Japanese. After I graduate from university, I hope I can move to Japan.
(私の将来の夢は漫画家になることです。私は日本語で自分の漫画を描きたいです。大学を卒業したら,日本に引っ越せるといいなと思っています。)

A: That's a wonderful dream! Thank you so much for your time!
(すばらしい夢ですね! お時間をどうもありがとうございました!)

B: You're welcome. Have a nice day.
(どういたしまして。よい1日を。)

!ヒント

・インタビューされる人は,2文以上になってもよいので質問に理由や例も添えて答える。
・インタビューする人は,質問に答えてもらったあとで感想や意見などを言い,対話をふくらませる。
・将来の目標[夢]を答えるときは,My future goal[dream] is to .... のように,不定詞を使って答える。

Activity 2 Negotiation

Situation

あなたは自分の携帯電話にアプリをダウンロードしてもよいか親に尋ねています。

Target

□ 3つのアプリをダウンロードする許可をとりなさい。

<table>
<tr><td>

Conditions:（条件）

Child（子ども）

・あなたの選ぶアプリがいかによいのか，またあなたがなぜそれらがほしいのかを伝えなさい。
・“for example”，“in addition”，“also” を使って，理由や説明を述べなさい。
・もし 10 秒以内に返事ができなければ，あなたはそのアプリをダウンロードすることをあきらめて，次に進まなければなりません。

Parent（親）

・子どもになぜ彼／彼女がそのアプリが必要なのかを尋ね続けなさい。“No, you can't.” と言ってはいけません。
・なぜあなたが彼／彼女にそのアプリを使ってほしくないのか優しく説明しなさい。同じ語句を 2 度使わないようにしなさい。
・もし 10 秒以内に返事ができなければ，あなたはそのアプリをダウンロードする許可を与えなければなりません。

</td></tr>
</table>

Words & Expressions

Child	Parent
・Can I download this application? （このアプリをダウンロードしてもよいですか。） ・This application is/has/can ... （このアプリは…です[あります，できます]。） ・I want this application because ... （…なので，私はこのアプリがほしいです。） ・What do you think about this application? （このアプリをどう思いますか。） ・I know what you're trying to say, but this application can/will ... （あなたが言おうとしていることはわかりますが，このアプリは…できます[でしょう]。）	・Do you really need this application? （あなたはこのアプリが本当に必要ですか。） ・I don't think ...（…でないと思います。） ・I understand what you're saying, but ... I'm worried about your ... （あなたが言っていることはわかりますが，…。あなたの…について心配しています。） ・I don't want you to ... （あなたに…してほしくないです。） ・This app has a high/low review rate. （このアプリは高い[低い]レビュー評価です。） ・How about this app? You can ... （このアプリはどうですか。あなたは…できます。）

Goal

□ I can talk with someone who has a particular point of view and change their mind.
(ある考えを持った人と話をして，彼らの考えを変えることができる。)

Applications(アプリ)

[Puzzle Game] MOVE IT! ([パズルゲーム]ムーブイット！)	**[Movie Online] Awesome Videos** ([オンライン映画]オーサムビデオズ)
-Free(無料) -Reviews(レビュー): ★★★★★ *Complete the lines and get points. You won't want to stop playing!* (列を完成させて，得点しましょう。プレイをやめたくなくなるでしょう！)	-Free(無料) -Reviews: ★★★★☆ *We have a lot of movies: action, Sci-fi, drama, romance, horror, and anime.* (アクション，SF，ドラマ，恋愛，ホラー，そしてアニメなどたくさんの映画があります。)
[Social Network] My Chat ([ソーシャルネットワーク]マイチャット)	**[Learning] Achiever** ([学習]アチーバー)
-Free(無料) -Reviews: ★★★☆☆ *Communicate only with those members you accept.* (承認したメンバーとだけコミュニケーションをとりましょう。)	-300 yen/month(月額 300 円) -Reviews: ★★☆☆☆ *You can build skills in all of your subjects with this app.* (このアプリを使えばすべての科目でスキルを身につけられます。)
[Online book] Teens Library ([オンラインブック]ティーンズライブラリー)	**[Camera] Best Shot** ([カメラ]ベストショット)
-800 yen per book(1 冊 800 円) -Reviews: ★★★★☆ *Enjoy reading popular teens' books!* (人気のあるティーン向けの本を読んで楽しみましょう！)	-Free(無料) -Reviews: ★★★☆☆ *We have powerful editing tools. Share your photos with your friends.* (強力な編集ツールがあります。友達と写真を共有しましょう。)
[Social Network] Meet New Friends ([ソーシャルネットワーク]ミートニューフレンズ)	**[Sports] Live Scores** ([スポーツ]ライブスコアズ)
-Free(無料) -Reviews: ★☆☆☆☆ *Just fill in your profile and personal information. Make friends and meet people with similar interests!* (プロフィールと個人情報を記入するだけです。友達を作って，似たような興味を持つ人々と会いましょう！)	-Free(無料) -Reviews: ★★★★☆ *This is a great app for sports fans. You can also check the profiles of all the players too.* (これはスポーツファンにとってすばらしいアプリです。全選手のプロフィールもチェックできます。)

対話例①

(Child: A, Parent: B)

(子ども：A　親：B)

A: Mom, can I download “Teens Library”? I want this application because I want to read more teens’ books.

(お母さん，『ティーンズライブラリー』をダウンロードしてもいいかな。もっとティーン向けの本が読みたいので，このアプリがほしいの。)

B: Go to the library. There are a lot of books, and you can borrow some for free. Do you really need this application?

(図書館に行きなさい。本がたくさんあるし，無料で借りられるよ。あなたはこのアプリが本当に必要なの？)

A: Yes. I think it’s very convenient because I can read books whenever I want to.

(うん。本を読みたいときいつでも読むことができるので，とても便利だと思う。)

B: Do you know how much it costs? It’s not free to read books.

(あなたはどのくらい費用がかかるかわかっているの。本を読むのは無料ではないのよ。)

A: Yes, I know. However, I can find any book I want to read anywhere. Also, after I read books, I can keep them in my cell phone.

(うん，わかっているよ。でも，読みたい本をどれでもどこででも見つけることができるのよ。それに，読んだ後，その本を私の携帯電話に保存できるわ。)

B: OK. You can download it.

(わかったわ。ダウンロードしていいよ。)

対話例②

A: Dad, may I download “Meet New Friends”? This application is for making friends.

(お父さん，『ミートニューフレンズ』をダウンロードしてもいいかな。このアプリは友達を作るためのものだよ。)

B: I think there are some other ways to make friends. Do you really need it?

(友達を作るには他にも方法があると思うよ。あなたは本当にそれが必要なのかい。)

A: Yes. It’s a very easy way to make new friends because all I have to do is fill in my profile.

(うん。私がするのはプロフィールを記入することだけなので，新しい友達を作るのにとても簡単な方法なんだよ。)

B: I’m worried about your personal information. I don’t want you to get into trouble.

(あなたの個人情報について心配しているんだ。あなたにトラブルに巻き込まれてほしくないんだ。)

A: I know what you’re trying to say, but this application can help us find good friends with similar interests for us. In addition, it says it keeps our personal data safe and secure.

(お父さんが言おうとしていることはわかるけど，このアプリでは私たちと同じような興味を持つよい友達を見つけるのに役立つんだよ。さらに，私たちの個人情報を安全に保管すると書いてあるよ。)

B: I don't believe it. This app has a low review rate. Then, why don't you try "My Chat" instead? You can only communicate with members you accept. This is your first time to use an app for communication, so why don't you try it?
(信じられないな。このアプリのレビュー評価は低いね。それでは,かわりに『マイチャット』はどうだい。あなたは承認したメンバーとだけコミュニケーションをとれるよ。あなたはこれがコミュニケーション用のアプリを使う最初の機会なので，それを試してみたらどうかな。)

A: OK, Dad.
(わかったよ，お父さん。)

！ヒント

・「子ども」は，理由や例も含めて，なぜそのアプリがほしいのかを「親」に伝える。
・「親」は，なぜ「子ども」にそのアプリを使ってほしくないのか説明する。

Activity 3 Facts and Opinions

Situation

地理の授業で，あなたは地球規模の問題についてプレゼンテーションを行います。

Target

□右側のページから地球規模の問題を1つ選んで，それについての3つの事実を見つけなさい。そして，その問題の原因を調べなさい。
□その問題に対するいくつかの可能な解決策を考えなさい。
□あなたの調査結果をクラスで発表しなさい。その問題に関連する視覚資料を1つプレゼンテーションに含めなさい。

Conditions:（条件）

Presenters（発表者）
・インターネットや本で情報を調べなさい。
・必ずあなたの主張を裏付ける十分な根拠があるようにしなさい。
・「事実」と「意見」を混同してはいけません。
・プレゼンテーションを行うとき，クラスで視覚資料を示しなさい。

Audience（聴衆）
・プレゼンテーションの間にメモをとって，それらをフィードバックとして発表者に伝えなさい。

Words & Expressions

Presenter（発表者）	**Audience**（聴衆）
・Today I'd like to talk about ... （今日は…について話したいと思います。）	・Thank you for your presentation. （プレゼンテーションをありがとうございました。）
・What do you think about ...? （あなたは…についてどう思いますか。）	・Let me ask you a question. （私に質問させてください。）
・First/Second/Third ... （第1に／第2に／第3に…。）	・In the presentation, you said that ... （プレゼンテーションで，あなたは…と言いました。）
・I'd like to emphasize that ... （私は…ということを強調したいです。）	・Why do you think ...? （あなたはなぜ…と思うのですか。）
・I think this global issue can be solved by ... （私はこの地球規模の問題は…によって解決できると思います。）	・Is it true that ...? （…というのは本当ですか。）
・By using this method, we can ... （この方法を使うことによって，私たちは…できます。）	・Thank you for the explanation(s). （ご説明をありがとうございました。）

・To summarize, ... (要するに，…。) ・Thank you very much for your attention. (ご清聴ありがとうございました。) ・Does anyone have any questions or comments? (どなたか質問やコメントはありますか。) ・That's a good question. I think ... (それはよい質問です。私は…と思います。)	

Goal

□ I can look for necessary information for a presentation and distinguish between facts and opinions.
(プレゼンテーションのために必要な情報を探して，事実と意見を区別することができる。)

Global Issues（地球規模の問題）

Ⓐ **Climate Change**（気候変動） **Keywords**（キーワード）**:** emissions of greenhouse gases（温室効果ガスの排出）, weather（天候）, temperature（温度）, carbon dioxide（二酸化炭素）, increase（増加する）, extinction（絶滅）, health（健康）, food（食物）, restrict（～を制限する）
Ⓑ **Global Pandemic**（世界的規模のパンデミック〔世界的流行病〕） **Keywords:** infectious disease（感染病〔症〕）, spread（広がる）, report（報告）, outbreak（大流行）, virus（ウイルス）, appropriate actions（適切な行動）, control（～を抑制する）, drops in GDP（GDPの下落）, unemployment（失業）, prevention（予防）
Ⓒ **Gender Equality**（男女平等） **Keywords:** opportunities（機会）, enjoy the same rights（同じ権利を享受する）, wage gap（賃金格差）, gender bias（性差別）, violence（暴力）, promote（～を促進する）
Ⓓ **Global Migration**（世界規模の移住） **Keywords:** developing countries（発展途上国）, immigrants（移民）, work（仕事）, religion（宗教）, political conflict（政治的な対立）, freedom（自由）, culture shock（カルチャーショック）

（記入例）

Your choice for presentation（プレゼンテーションの選択）：A

Facts（事実）

・There is an increase in heat days and heat waves in almost all land areas.
(ほぼすべての陸地で猛暑日や熱波が増加している。)

・Glaciers are melting, and the ocean level is rising.

（氷河が溶けて，海面が上昇している。）

・Hunger and malnutrition are on the rise worldwide.
（飢餓と栄養失調が世界中で増加している。）

Possible Causes（考えられる原因）

・As the concentration of greenhouse gases increases, the surface temperature goes up.
（温室効果ガスの濃度が高まるにつれて，地表の温度も上がる。）

・The ocean absorbs most of the heat from global warming.
（海洋は地球温暖化による熱の大部分を吸収する。）

・Climate change and increased extreme weather events do great damage to agriculture and fisheries.
（気候変動と異常気象の増加は農業と漁業に大きな損害を与える。）

Possible Solution (Opinion)（可能な解決策（意見））

・To change our main energy sources to clean and renewable energy.
（主なエネルギー源をクリーンで再生可能なエネルギーに変えること。）

・To reduce our waste.
（廃棄物を減らすこと。）

プレゼンテーション例

Today, I'd like to talk about climate change. Climate change means significant and long-term changes to the climate of the earth. The causes of climate change include excessive emissions of greenhouse gases, burning of fossil fuels, greenhouse effects, deforestation, and so on. I'll start with three facts about climate change, with their possible causes. Then, I'm going to propose two possible solutions to this global issue.

First, I will talk about the temperature rise. Let's look at the graph from the IPCC Fourth Assessment Report. It shows the temperature change from the year 700 to 2100. Can you see a sharp rise after 2000? What do you think? As the concentration of greenhouse gases increases, the surface temperature goes up. According to research, the average temperature of each decade has been higher than that of the previous decade since the 1980s. Nowadays, there is an increase in heat days and heat waves in almost all land areas. It causes more heat-related illnesses and makes outdoor work more difficult. Moreover, in high-temperature conditions, wildfires are more likely to start and spread quickly.

Second, I will talk about ocean warming and ocean level rise. The ocean absorbs most of the heat from global warming. A survey shows the pace of ocean warming has been increasing at all ocean depth levels over the past two decade. These days, glaciers are melting, and the ocean level is rising. As a result, it is threatening coastal region areas. In addition, more carbon dioxide in the ocean is endangering marine life and coral reefs.

Third, I will talk about health risks. Climate change and increased extreme weather events do great damage to agriculture and fisheries. Sufficient food cannot be grown or harvested, and the marine resources that feed a lot of people are at risk. Recently, it is reported that hunger and malnutrition are on the rise worldwide. Besides, various problems, such as air pollution, extreme weather, forced migration, and so on, caused by the impacts of climate change have been posing serious health risks to humans physically and mentally.

Now, I would like to propose two possible solutions to climate change. Firstly, we should change our main energy sources to clean and renewable energy. Solar energy, wind energy, geothermal energy, and biomass energy could be the solution. Secondly, we should reduce our waste. It could be better to use the 3Rs (Reduce, Reuse, Recycle) approach or the circular economy model for significantly reducing our waste and avoiding unnecessary production of new items.

Today, we humans are facing the global problem of climate change. It has a negative impact on the environment. It is very tough to stop climate change entirely, but I believe we can minimize this problem by taking some preventive measures to protect the world.

Thank you very much for your attention.

(今日は，気候変動について話したいと思います。気候変動は，地球の気候における重大で長期的な変化を意味します。気候変動の原因は温室効果ガスの過剰排出，化石燃料の燃焼，温室効果，森林伐採などを含みます。初めに，気候変動に関する３つの事実を，その考えられる原因とともに，話したいと思います。それから，この地球規模の問題に対する２つの可能な解決策を提案します。

まず第１に，気温上昇について話します。IPCC 第４次評価報告書のグラフを見ましょう。これは 700 年から 2100 年までの気温変化を示しています。2000 年以降の急激な上昇がわかりますか。どう思いますか。温室効果ガスの濃度が高まるにつれて，地表の温度が上がります。調査によると，1980 年代以降ずっと，10 年ごとの平均気温は直前の 10 年間の平均気温より高くなっています。最近は，ほぼすべての陸地で猛暑日や熱波が増加しています。それは熱中症を引き起こし，屋外での仕事をより困難にします。さらに，高温の状態では，山火事が発生しやすく，急速に広がる可能性があります。

２番目に，海洋温暖化と海面の上昇について話します。海洋は地球温暖化による熱の大部分を吸収します。調査によると，過去 20 年間，すべての海域の深さで海洋温暖化のペースが増加しています。最近では，氷河が溶けて，海面が上昇しています。結果として，それは沿岸地域を脅かしています。さらに，海洋中の二酸化炭素が増加したことにより海洋生物やサンゴ礁が危険にさらされています。

３番目に，健康上のリスクについて話します。気候変動と異常気象の増加は農業と漁業に大きな損害を与えます。十分な食物を育てられず収穫できませんし，多くの人々に食料を供給する海洋資源が危険にさらされています。最近，飢餓と栄養失調が世界中で増加していると報告されています。さらに，大気汚染，異常気象，強制移住など気候変動の影響によって引き起こされたさまざまな問題が，肉体的にも精神的にも人間に深刻な健康上のリスクをもたらしています。

では，気候変動に対する２つの可能な解決策を提案したいと思います。第１に，私たちは主なエネルギー源をクリーンで再生可能なエネルギーに変えるべきです。太陽光エネルギー，風力エネルギー，地熱エネルギー，バイオマスエネルギーが解決策になりうるかもしれません。第２に，私たちは廃棄物を減らすべきです。廃棄物を著しく減らし，新たな物の不必要な生産を避けるために，3R(削減，再使用，再生利用)アプローチや循環型経済モデルを採用することがよりよいでしょう。

今日，私たち人間は気候変動という地球規模の問題に直面しています。それは環境に悪影響を及ぼします。気候変動を完全に止めることはとても難しいですが，世界を守るための予防策を講じることによって，私たちはこの問題を最小限に抑えることができると思います。

ご清聴ありがとうございました。)

質疑応答例

(Presenter: A, Audience: B)
(発表者：A　聴衆：B)

A: Does anyone have any questions or comments?
(どなたか質問やコメントはありますか。)

・・・・・・・・・・

B: Thank you for your presentation. Let me ask you a question.
(プレゼンテーションをありがとうございました。私に質問させてください。)

A: Sure.(もちろんです。)

B: In the presentation, you proposed two possible solutions to climate change. I'd like to know more specific ones. Could you give us some advice on what to do today?
(プレゼンテーションで，あなたは気候変動に対する２つの可能な解決策を提案しました。私はより具体的なものを知りたいです。私たちが今日何をすべきかアドバイスをいただけますか。)

A: All right. There are two things. First, don't use plastic bags when you buy something. Second, switch off all home appliances when you're not using them.
(わかりました。2つあります。1つ目は，何かを買うとき，ビニールの袋を使わないこと。２つ目は，使っていないときは電化製品の電源をすべて切ることです。)

B: That sounds very simple. Thank you for the explanation.
(とても簡単ですね。ご説明，ありがとうございました。)

！ヒント

・因果関係を示すために，as a result(結果として)といったつなぎの言葉を使う。
・事実と意見を分けるために，according to ～(～によると)といった出典を示す表現を適切に使う。

Activity 4 Compromise

Situation

あなたは公民の授業で学習した労働条件について友達と話していて，求人サイトでさらなる情報を探すことに決めました。あなたは最善だと思う仕事の詳細を見つけましたが，あなたの友達はそれとは異なる仕事を見つけています。

Target

□パートナーにあなたが見つけた会社を選ぶように説得しなさい。
□あなたが見つけた会社について少なくとも 3 つの良い点を説明しなさい。
□パートナーが見つけた会社について少なくとも 3 つの悪い点を説明しなさい。

Conditions:（条件）

・1 つの会社を選びなさい。パートナーと同じ会社を選ぶことはできません。
・両方の会社について魅力的な点と魅力的でない点を見つけなさい。
・あなたのアイデアをパートナーと共有して，どちらの会社がよりよいか決めなさい。あなたの選んだ会社のよい点を強調するようにしなさい。
・なぜそれぞれの会社がよいまたは悪いと思うのかに対して詳細な理由や説明を述べなさい。

Words & Expressions

Attractive（魅力的である）	**Unattractive**（魅力的でない）
・Look. I've found an ideal company. （見て。理想的な会社を見つけました。） ・This company is/was/has ... （この会社は…です[でした，持っています]。） ・I'm interested in the employee's comment. He/She says ... （私は従業員のコメントに興味があります。彼／彼女は…と言っています。） ・He/She is working inside/outside the office. （彼／彼女はオフィスの中／外で働いています。） ・In the future, I'd like to ... so his/her conditions are perfect. （将来，私は…したいので，彼／彼女の条件は完璧です。） ・I want to work at this company. （私はこの会社で働きたいです。）	・Really? I don't think so because ... （本当ですか。…なので，私はそう思いません。） ・Oh, look at ... This company looks awful! （ああ，…を見て。この会社はひどそうです！） ・I don't want to work like them. （私は彼らのように働きたくないです。） ・This company information says ... （この会社情報には…と書かれています。） ・The number of employees is ... （従業員の数は…です。） ・I need some private time after work. （私は仕事の後にプライベートな時間が必要です。） ・I want to earn more money. （私はもっとお金をかせぎたいです。）

Goal

□ I can discuss with someone with a different opinion and reach an agreement by compromising.
(異なる意見を持った人と話し合って，妥協することによって合意に達することができる。)

Companies(会社)

No.13 **ABC Tech Co., Ltd.**(ABC Tech 株式会社)
Basic Information(基本情報)
Established: 2011(設立：2011 年) **Location:** Texas(所在地：テキサス)
Employees: 500(male: 273 / female: 227)(従業員:500 名(男性:273 名／女性:227 名))
Average age: 38(平均年齢：38 歳)
Average Salary: 4,380,000 yen(平均給与：438 万円)
Offices: California, Shanghai, Tokyo(オフィス：カリフォルニア，上海，東京)
Message from an employee(従業員からのメッセージ)
Hi, I'm Cathy. My job is to sell electronic devices to manufacturing companies. I like what I do because I have the opportunity to take business trips overseas and use other languages. At the office, I email and call business people in foreign countries every day. Usually our work finishes at 6 p.m., and I often go to see a movie or have dinner with my colleagues. This is my dream job!
(こんにちは，キャシーです。私の仕事は製造会社に電子機器を販売することです。海外に出張したり他の言語を使ったりする機会があるので，私は自分のしていることが好きです。オフィスでは，毎日海外のビジネス関係者に E メールを送ったり電話したりします。たいてい私たちの仕事は午後 6 時に終わり，私はよく同僚と映画を見に行ったり夕食をとったりします。これは私の理想の仕事です！)

No.25 **Globe Manufacturing Company**(グローブ・マニュファクチャリング社)
Basic Information(基本情報)
Established: 1948(設立：1948 年) **Location:** Sydney(所在地：シドニー)
Employees: 10,000(male: 8,800 / female: 1,200)(従業員：10,000 名(男性：8,800 名／女性：1,200 名))
Average age: 53(平均年齢：53 歳)
Average Salary: 8,640,000 yen(平均給与：864 万円)
Offices: -
Message from an employee(従業員からのメッセージ)
Hello, everyone. My name is Joe. I'm an engineer and I design electronic devices. It takes a lot of time to produce a product. We have meetings with other sections like sales departments and discuss whether or not a given product is technically possible. Then, we designers make samples and conduct testing over and over again. Sometimes the employees of this company work until midnight, but we feel that we're contributing something useful to society.

(こんにちは，みなさん。私の名前はジョーです。エンジニアをしており，電子機器を設計しています。製品を作るには多くの時間を要します。私たちは営業部のような他の部署と会議をして，ある特定の製品が技術的に可能であるかどうか議論します。そして，私たち設計者が見本を作って，何度もくり返し検査を行います。時には当社の従業員は深夜まで働くこともありますが，私たちは社会に何か役立つことで貢献していると感じています。)

対話例

A: Look. I've found an ideal company. Its name is ABC Tech Co., Ltd. It was established in 2011.(見て。理想的な会社を見つけました。名前は ABC Tech 株式会社です。2011 年に設立されました。)

B: Only 12-13 years old .... It's a very new company, isn't it?
(創業ほんの 12 ～ 13 年ですか…。とても新しい会社ですね。)

A: Yes. That's attractive to me.(はい。それが私にとって魅力的です。)

B: Globe Manufacturing Company seems more attractive to me. It was established in 1948. It must have a good track record. I think old companies can be trusted.
(私にはグローブ・マニュファクチャリング社の方がより魅力的に思えます。これは 1948 年に設立されました。よい実績があるに違いありません。私は古い会社は信頼できると思います。)

A: I agree with you.(同意します。)

B: According to the company information, the number of employees of Globe Manufacturing Company is 10,000. It's also a sign of its success.
(会社情報によれば，グローブ・マニュファクチャリング社の従業員数は 10,000 人です。それもまた成功の印です。)

A: Yes, but it's too big for me. ABC Tech Co., Ltd. has no more than 500 employees. I suppose it's easier to communicate with other coworkers. Oh, look at the ratio of males to females of Globe Manufacturing Company! It's 9 to 1. It's a bad company.
(そうですね，でも私には大きすぎます。ABC Tech 株式会社の従業員数はたった 500 人です。他の同僚とコミュニケーションがよりとりやすいと思います。ああ，グローブ・マニュファクチャリング社の男女比を見て！ 9 対 1 です。だめな会社ですよ。)

B: True, it's out of balance, but that's too strong a word. We don't know what has brought about such a situation.(たしかに，バランスは悪いですが，それは言い過ぎです。どうしてそのような状況になったのかはわかりません。)

A: Right. However, I think equal opportunities for women and men in employment are important.
(そうですね。でも，男女の雇用機会均等は重要だと思います。)

B: Me, too. Next, let's talk about the average age of employees.
(私もそう思います。次に，従業員の平均年齢について話しましょう。)

A: OK. The company information says the average age of employees of ABC Tech Co., Ltd. is 38.(はい。会社情報にはABC Tech株式会社の従業員の平均年齢は38歳と書かれています。)

B: There seem to be more young workers.(若手の社員が多いようですね。)

A: Exactly. It has a vibrant work environment. The workplace is given more energy by young workers.(その通りです。活気に満ちた職場環境があります。職場は若い労働者によって活気づけられます。)

B: That's not necessarily true. At Globe Manufacturing Company, the average age of employees is 53. It suggests there are many people who continue working there for a long time. I think it proves the company is stable. It's good that young workers can learn a lot from their seniors.
(必ずしもそうではないです。グローブ・マニュファクチャリング社では，従業員の平均年齢が53歳です。それは長い間そこで働き続けている人たちがたくさんいることを示しています。私は会社が安定していることを証明していると思います。若い労働者が先輩から多くを学べることはよいです。)

A: That's a good point. By the way, another reason I like ABC Tech Co., Ltd. is that it has some offices located in California, Shanghai, and Tokyo. It's an international company, isn't it?(一理ありますね。ところで，私がABC Tech株式会社を気に入っているもう1つの理由は，カリフォルニア，上海，東京にオフィスがあるからです。国際的な会社ですよね。)

B: Yes. As for me, I don't want to be transferred, and I want to stay at one place. That's another reason I prefer Globe Manufacturing Company. There aren't any offices other than in Sydney, it seems.(はい。私としては，転勤したくないですし，1か所にい続けたいです。それがグローブ・マニュファクチャリング社の方がより好ましいもう1つの理由です。シドニー以外にはオフィスはないようですし。)

A: Now, what do you think about the employees' comments? I'm interested in Cathy's comment. She says she has the opportunity to take business trips overseas and use other languages. That sounds very attractive because I want to travel all around the world in the future.
(さて，従業員のコメントについてはどう思いますか。私はキャシーのコメントに興味があります。彼女は海外に出張したり他の言語を使ったりする機会があると言っています。私は将来世界中を旅行したいので，それはとても魅力的に聞こえます。)

B: Business trips are for business, not for fun. Don't mix work with private matters. For Globe Manufacturing Company, Joe says it takes a lot of time to produce a product, giving some specific examples. I think it's a challenging job.
(出張は仕事のためで，楽しみのためではないですよ。公私混同しないように。グローブ・マニュファクチャリング社について，ジョーは具体例を挙げながら，製品を作るのに多くの時間を要すると言っています。私はやりがいのある仕事だと思います。)

A: Cathy also says their work usually finishes at 6 p.m. and that she has a good

time with her colleagues after work. I need some private time after work, so I want to work at ABC Tech Co., Ltd.
(キャシーはまた，仕事はたいてい午後６時に終わり，仕事の後は同僚と楽しい時間を過ごしていると言っています。私は仕事の後にプライベートな時間が必要ですから，ABC Tech 株式会社で働きたいと思います。)

B: They say it is difficult to achieve a balance between work and personal life, but I suppose it is important. Joe also says that they sometimes work until midnight, but that they feel they're contributing something useful to society. It's necessary for workers to be proud of and be satisfied with their own jobs.
(仕事と私生活のバランスをとるのは難しいと言われていますが，大切なことだと思います。ジョーはまた，時に深夜まで働くことがありますが，社会に何か役立つことで貢献していると感じていると言っています。労働者は自分自身の仕事を誇りに思い，満足することが必要です。)

A: Yes, but I don't think I want to work until midnight.
(はい，でも私は深夜まで働きたいとは思いません。)

B: Oh, compare the average salaries between two companies. A big difference! The more work you do, the more money you can earn.
(ああ，２つの会社の平均給与を比べてみて。大きな違いですよ！　仕事をたくさんすればするほど，ますます多くのお金を稼ぐことができます。)

A: You're correct. Maybe, we should work a lot to have a fulfilling personal life.
(その通りですね。おそらく私たちは充実した私生活を送るにはたくさん仕事をすべきなのかもしれません。)

B: Taking everything into consideration, don't you think Globe Manufacturing Company is the better company?
(すべてを考慮に入れた上で，グローブ・マニュファクチャリング社の方がよりよい会社だと思いませんか。)

A: Yes, I do.(はい，思います。)

！ヒント

・自分の選んだ会社のよい点を強調するような発言をする。
・最終的によりよい会社を選ぶために，それぞれの会社のよい点と悪い点を詳しく述べる。

記入例

ABC Tech Co., Ltd.		Globe Manufacturing Company	
Attractive	Unattractive	Attractive	Unattractive
・small ・male/female ・6 p.m.	・new ・offices ・average salary	・old ・average age ・average salary	・big ・male/female ・until midnight

→ We decided the better company is Globe Manufacturing Company.

Activity 5 Research

Situation

歴史の授業で，あなたは私たちの生活を向上させている科学技術の進歩について話し合っています。

Target

□少なくとも 6 つの進歩を挙げて，興味を持った 1 つを決めなさい。
□科学技術がいかにして社会を変えてきているのかという例を 3 つ挙げなさい。
□その科学技術がなければ世界がどのようになっているのかという例を 3 つ挙げなさい。

Conditions:(条件)

Presenters(発表者)

第 1 段階：インターネットや本で情報を見つけなさい。あなたが興味を持っている科学技術の進歩を挙げなさい。

第 2 段階：1 つの進歩を選んで，調査をしなさい。そして，それがなければ世界がどのようになっているのか想像しなさい。

第 3 段階：スピーチの原稿を作りなさい。導入，その科学技術の影響，それがなければ世界がどのようになっているかという例を含めなさい。

Audience(聴衆)

・スピーチの間にメモをとって，それらをフィードバックとして発表者に伝えなさい。

Words & Expressions

Speaker(発表者)	**Audience**(聴衆)
・Today I'd like to talk about ... (今日は…について話したいと思います。) ・What do you think about ...? (あなたは…についてどう思いますか。) ・To start with, please take a look at this graph. (まず最初に，このグラフを見てください。) ・This graph shows that ... (このグラフは…ということを示しています。) ・First/Second/Third ... (第 1 に／第 2 に／第 3 に…。) ・I'd like to emphasize that ... (私は…ということを強調したいです。)	・Thank you for your presentation. (プレゼンテーションをありがとうございました。) ・Let me ask you a question. (私に質問させてください。) ・In the presentation, you said that ... (プレゼンテーションで，あなたは…と言いました。) ・Why do you think ...? (あなたはなぜ…と思うのですか。) ・Is it true that ...? (…というのは本当ですか。) ・Thank you for your explanation(s). (ご説明をありがとうございました。)

・To summarize, ... (要するに，…。) ・Thank you very much for your attention. (ご清聴ありがとうございました。) ・Does anyone have any questions or comments? (どなたか質問やコメントはありますか。) ・That's a good question. I think ... (それはよい質問です。私は…と思います。)	

Goal

□ I can look for historical information and create a speech which includes hypothetical situations.
(歴史的な情報を探して，仮定の状況を含むスピーチを作ることができる。)

記入例

STAGE 1: Choose technological advances. (科学技術の進歩を選びなさい。)
telephones, light bulbs, television, personal computers, digital cameras, the internet
(電話，電球，テレビ，パソコン，デジタルカメラ，インターネット)

STAGE 2: Do research. (調査をしなさい。)

Technology (科学技術)：the internet (インターネット)

Inventor (発明者)：Computer scientists Vinton Cerf and Robert Kahn are credited with inventing the internet communication protocols we use today and the system referred to as the internet. (コンピューター科学者のヴィントン・サーフとロバート・カーンが私たちが現在使っているインターネット通信プロトコルとインターネットと呼ばれるシステムを発明したと考えられています。)
(出典：https://www.britannica.com/story/who-invented-the-internet)

Time of invention (発明の時期)：1980 (1980年)

How has the technology influenced the world?
(その科学技術はどのように世界に影響を与えてきたか。)

What would the world be like without the technology?
(その科学技術がなければ世界はどのようになっているか。)

STAGE 3: Make a draft. (原稿を作りなさい。)
(Introduction) (導入)
(Influence of the technology) (その科学技術の影響)
(Without the technology) (その科学技術がなかったら)

(スピーチ例)

A lot of technological advances have improved our lives; for example, telephones, light bulbs, television, personal computers, digital cameras and the internet. Above all, the internet has had a huge impact on our lifestyles. Today, I'd like to talk about the internet. First, I'm going to talk about how the internet has influenced our lives. Second, I'd like to give you some examples of what the world would be like without it.

To start with, I'd like to tell you three things about how the internet has influenced our lives. First, the internet has become our primary source of information. Today, information is freely available at the click of a button. Thanks to the smartphone, we can get any information anytime, anywhere. Second, as a means of communication, we have moved on to social networks and online communities from phone calls and letters. Thanks to the internet, we are able to communicate with total strangers today. Third, the internet has changed the way entertainment, such as movies, television, and performances, is viewed and received. Now, we are able to watch things live anywhere, and also watch replays of entertainment anytime, thanks to the internet. It is amazing that we have everything we want to enjoy in one place!

Next, I will give you three examples of what the world would be like without the internet. First, in order to search for information, we would have to turn to our own books, our friends or the local library. For news, we would rely on TV programs or newspapers without the internet. Also, if we got lost on the way, all we could do would be ask people or go to the nearby police box. We couldn't use Google Maps! Second, without the internet, we would communicate with our friends face-to-face or by phone. For our far-away friends, we would need to send letters or pay a lot for long distance calls. If we had some small things to confirm or if we were running late for an appointment, it couldn't be so easy to contact the other person. If it were not for the internet, distance would be a barrier for a relationship and we could not build networks with ease. Third, entertainment would need to be chiefly enjoyed in real time without the internet. It would be necessary for us to visit theaters, sites of concerts, and stadiums, and so on, in some cases. Thus, many things for entertainment would be unavailable or limited.

So far, I have talked in terms of (1) how to search for information, (2) how to communicate with others, and (3) how to enjoy entertainment. Our lives have been heavily influenced by the internet in many ways. It is true that the internet has made our lives better, but we have to make good use of it.

Thank you very much for your attention.

(多くの科学技術の進歩が私たちの生活を向上させてきました。例えば,電話,電球,テレビ,パソコン,デジタルカメラ,インターネットです。とりわけ,インターネットは私たちの生活様式に大きな影響を与えてきました。今日はインターネットについて話したいと思います。第1に，インターネットがどのように私たちの生活に影響を与えてきたかについて話します。第2に，もしそれがなければ世界はどのようになっているかについていくつか例を挙げたいと思います。

まず最初に，インターネットがどのように私たちの生活に影響を与えてきたかについて3つのことを話したいと思います。第1に，インターネットは私たちの主要な情報源になってきています。今日，情報はボタンをクリックするだけで自由に手に入ります。スマートフォンのおかげで，私たちはいつでもどこでもどんな情報も手に入れられます。第2に，コミュニケーションの手段として，電話や手紙からソーシャルネットワークやオンラインコミュニティに移行しています。インターネットのおかげで，私たちは今日全く知らない人とコミュニケーションをとることができます。第3に，インターネットは映画，テレビ，公演といったエンターテインメントを視聴したり受信したりする方法を変えてきました。今や，インターネットのおかげで，私たちはどこででも生放送で見ることができて，いつでもエンターテインメントのリプレーを見ることもできます。私たちが楽しみたいすべてのものが1か所にあるとは驚きですね！

次に，インターネットがなければ世界はどのようになっているかについて3つの例を挙げます。第1に，情報を探すために，私たちは本，友達，地元の図書館に向かわなければならないでしょう。ニュースに関して，インターネットがなければ私たちはテレビ番組や新聞に頼るでしょう。また，途中で道に迷ったら，私たちができることは人に尋ねるか近くの交番に行くことだけでしょう。グーグルマップは使えませんから！　第2に，インターネットがなければ，私たちは友達と対面または電話でコミュニケーションをとるでしょう。遠くの友達に関して，私たちは手紙を送ったり長距離電話に多くの支払いをしなければならないでしょう。もし私たちが確認したいちょっとしたことがあったり，約束に遅れそうだとしても，相手に連絡するのはあまり簡単ではないでしょう。もしインターネットがなければ，距離は人間関係に支障をきたし，簡単にネットワークを築けなくなるでしょう。第3に，インターネットがなければ，エンターテインメントは主にリアルタイムで楽しむ必要があるでしょう。場合によっては，私たちは劇場，コンサート会場，スタジアムなどに行く必要があるでしょう。このように，エンターテインメントのための多くのことが利用できなくなったり限定されることになるでしょう。

これまで，私は(1)情報の探し方，(2)他者とのコミュニケーションのとり方，(3)エンターテインメントの楽しみ方という観点から話してきました。私たちの生活は多くの点でインターネットによって大きく影響を受けてきました。インターネットが私たちの生活をよりよくしてきたのは確かですが，私たちはそれを上手に利用しなければなりません。

ご清聴ありがとうございました。)

質疑応答例

（Speaker: A, Audience: B）
（発表者：A　聴衆：B）

A: Does anyone have any questions or comments?
（どなたか質問やコメントはありますか。）

. . . .

B: Thank you for your speech. Let me ask you a question.
（スピーチをありがとうございました。私に質問させてください。）

A: Certainly.
（もちろんです。）

B: In the speech, you talked about three things about how the internet has influenced our lives. Could you give us another example?
（スピーチで，あなたはインターネットがどのように私たちの生活に影響を与えてきたかについて３つのことを話しました。もう１つ例を挙げていただけますか。）

A: OK. I think the internet has also changed the way we travel. Is the essence of travel still discovery? Today, we can find out many things about a place we visit and make enough plans before leaving home. Also, even when we are there, mobile internet technology is there for us.
（はい。インターネットはまた私たちの旅行の仕方を変えてきたと思います。今でも旅の本質は発見でしょうか。今日，私たちは出発する前に訪れる場所について多くのことを見つけて十分な計画を立てることができます。また，そこに行ってからも，モバイルインターネットの技術が私たちを助けてくれます。）

B: Thank you for the explanation.（ご説明をありがとうございました。）

！ヒント

「序論→本論（ここでは２つ）→結論」というスピーチの典型的な構成をしっかりとおさえる。

Activity 6 Planning

Situation

あなたは食品製造会社の従業員です。次の会議で，あなたのチームは同僚に新しい健康食品を提案する必要があります。その製品はスーパーで販売される予定です。

Target

第 1 段階□他のメンバーのアイデアについて 3 つの質問をしなさい。
第 2 段階□ 1 分以内であなたのアイデアをチームのメンバーと共有しなさい。
第 3 段階□望ましい側面ごとに少なくとも 1 つの裏付けとなる情報を加えなさい。

Conditions:（条件）

Presenters（発表者）

第 1 段階／第 2 段階：

・調査のためにインターネットや本で情報を見つけなさい。
・どのような食べ物がすばらしいか考えなさい。チームのメンバーとブレーンストーミングを行って，右側のページにメモをとりなさい。

第 3 段階：

・チームのメンバーと話し合って，1 つのプレゼンテーションの原稿を書きなさい。
・必ずあなたの主張を裏付けるのに十分な根拠があるようにしなさい。

Audience（聴衆）

・プレゼンテーションの間にメモをとりなさい。そして，彼らに質問をしなさい。

Words & Expressions

STAGE 1/STAGE 2	STAGE 3
・What kind of new food product should we produce? （私たちはどのような新しい食品を生産するべきですか。） ・I think we should produce ... because ... （…なので，私たちは…を生産するべきだと思います。） ・Who will be the target? （誰が対象でしょうか。） ・OK, then what can the main ingredients be? （わかりました，では主要原材料は何になるでしょうか。） ・How about the price/appeal points? （価格／アピールポイントについてはどうですか。）	・How should we start our presentation? （私たちはどのようにプレゼンテーションを始めるべきでしょうか。） ・I think we should use the word “convenient” here. （私たちはここで「便利な」という語を使うべきだと思います。） ・We should emphasize the main ingredients more. （私たちはもっと主要原材料を強調するべきです。）

Goal

□ I can discuss the best way to make a suggestion and develop an effective presentation.
(提案をする最善の方法を話し合って，効果的なプレゼンテーションに発展させることができる。)

記入例

STAGE 1: Brainstorming Memo(ブレーンストーミングメモ)

■ **Types of products:** Snacks / Sweets / Canned food / Frozen food / Beverage / Others(製品の種類：スナック／菓子／缶詰食品／冷凍食品／飲料／その他)

■ **Possible Target:** Children / Teenagers / Adults / Over 50s / Others(可能性のある対象：子ども／10代の若者／大人／50代以上／その他)

■ **Main Ingredients**(主要原材料)：coconut water(ココナッツウォーター)

■ **Health benefits**(健康上の利点)：

Coconut water：keep children hydrated, boost energy, promote digestion, develop strong bones(ココナッツウォーター：子どもたちの体に潤いを与える，活力を与える，消化を促進する，骨を強くする)

STAGE 2: Design the product.(製品をデザインしなさい。)

■ **Name of the Product**(製品の名前)：CoCoWater(ココウォーター)

■ **Ingredients**(原材料)：coconut water, orange and lemon juice, mineral water
(ココナッツウォーター，オレンジジュース，レモンジュース，ミネラルウォーター)

■ **Price:**150 yen(価格：150円)

■ **Appealing aspects**(アピールする点)：

1. The product can make children and teenagers more active at school.
(この製品は子どもと10代の若者を学校でより活動的にすることができます。)
2. It can keep them healthy in many ways.
(それはさまざまな方法で彼らの健康を維持することができます。)
3. It is not harmful to children and teenagers.
(それは子どもと10代の若者にとって有害ではありません。)

STAGE 3: Write a draft of your presentation.(プレゼンテーションの原稿を書きなさい。)

(Introduction)(導入)

(Desirable Aspects)(望ましい点)

(Conclusion)(結論)　(※ pp.188-189参照)

STAGE 4: Make a presentation.(プレゼンテーションをしなさい。)

対話例 STAGE 1/STAGE 2

A: I think we should produce a new healthy beverage.
(私たちは新しい健康飲料を生産するべきだと思います。)

B: Who will be the target?(誰が対象でしょうか。)

A: It will be targeted at children and teenagers.
(子どもと10代の若者が対象になるでしょう。)

B: OK, then what can the main ingredient be?
(わかりました，では主要原材料は何になるでしょうか。)

A: It can be coconut water.(ココナッツウォーターになるでしょう。)

B: How about the appeal points?(アピールポイントについてはどうですか。)

A: Coconut water contains various nutrients. Also, the product is made with all natural ingredients, by blending orange and lemon flavors with coconut water for a better taste.(ココナッツウォーターにはさまざまな栄養素が含まれています。さらに，この製品は，すべて天然原材料で作られていて，オレンジ・レモンフレーバーをココナッツウォーターと混ぜ合わせることで，よりおいしく飲めるようにしています。)

対話例 STAGE 3

A: How should we start our presentation?
(私たちはどのようにプレゼンテーションを始めるべきでしょうか。)

B: I think we should talk about the name of the product, its possible target, and its ingredients in the introduction.(私たちは導入で製品の名前，可能性のある対象，原材料について話すべきだと思います。)

A: I think we should use the word "energetic" here.
(私たちはここで「エネルギッシュな」という語を使うべきだと思います。)

B: That's an appropriate word.(それは適切な語ですね。)

A: We should emphasize the main ingredients more.
(私たちはもっと主要原材料を強調するべきです。)

B: That's right. We should focus more on the nutrients coconut water has.(そのとおりです。私たちはココナッツウォーターが持つ栄養素にもっと注目するべきです。)

プレゼンテーション例

Hello, everybody. Today, we'd like to suggest a new healthy beverage product. Its name is 'CoCoWater,' which is targeted at children and teenagers. Also, we'd like to set the price of 150 yen on this product. As you can imagine from the name, its ingredients are coconut water, orange and lemon juice, and mineral water.

Now, we'd like to tell you three desirable aspects of 'CoCoWater.' First, it can make children and teenagers more active at school. Coconut water hydrates their bodies better than any other energy drink because it contains a higher amount of potassium, sodium, and natural sugar. As for potassium, coconut water is known to have nearly twice the potassium content of bananas. It is said that a lack of potassium can lead to anxiety-related issues, so consuming coconut water may help prevent anxiety. In addition, coconut water contains various nutrients, so it can refresh children and teenagers and make them feel more energetic. Second, 'CoCoWater' can keep children and teenagers healthy in many ways. Let me give you some examples. Coconut water can promote digestion because it contains a high concentration of fiber. It can also develop strong bones because it contains a high amount of calcium. In addition, it can strengthen the immune system because of its antiviral properties. Third, most importantly, 'CoCoWater' doesn't contain anything harmful to children and teenagers. Coconut water is not thought to cause any harmful effects on children. The product is made with all natural ingredients, by blending orange and lemon flavors with coconut water for a better taste. What is more, coconut water is entirely natural, with no added sugar, and is low in calories.

To conclude, coconut water, the main ingredient, will make this product one of the healthiest beverages for children and teenagers on the market. We are confident that 'CoCoWater' will sell quite well. Thank you.

(こんにちは，みなさん。今日は，私たちは新しい健康飲料製品を提案したいと思います。その名前は「ココウォーター」で，子どもと10代の若者を対象にしています。また，私たちはこの製品の価格を150円に設定したいと思います。名前から想像できるかもしれませんが，その原材料はココナッツウォーター，オレンジジュース，レモンジュース，ミネラルウォーターです。

さて，私たちは「ココウォーター」の3つの望ましい点を述べたいと思います。第1に，それは子どもと10代の若者を学校でより活動的にすることができます。ココナッツウォーターはカリウム，ナトリウム，天然糖を多く含むので，他のどんなエナジードリンクよりも体に潤いを与えます。カリウムに関しては，ココナッツウォーターはバナナの約2倍のカリウム含有量があると知られています。カリウムが不足すると不安になりやすいと言われているので，ココナッツウォーターを飲むことは不安の予防につながるかもしれません。さらに，ココナッツウォーターはさまざまな栄養素を含んでいるので，子どもや10代の若者をリフレッシュさせて，より元気にさせることができます。第2に，「ココウォーター」はさまざまな方法で子どもと10代の若者の健康を維持することができます。いくつか例を挙げます。ココナッツウォーターには食物繊維が多く含まれているので，消化を促進することができます。それはまた豊富な量のカルシウムを含んでいるので骨を強くします。さらに，その抗ウイルス性の特性ゆえに，免疫システムを強化することができます。第3に，もっとも重要なことですが，「ココウォーター」は子どもと10代の若者にとって有害なものを含んでいません。ココナッツウォーターは子どもに有害な影響を引き起こさないと考えられています。この製品はすべて天然原材料で作られていて，オレンジ・レモンフレーバーをココナッツウォーターと混ぜ合わせることで，よりおいしく飲めるようにしています。さらに，ココナッツウォーターは，完全に天然のものであり，砂糖不使用で，カロリーが低いです。

結論として，主要原材料であるココナッツウォーターがこの製品を，市場で子どもと10代の若者向けのもっとも健康的な飲料の1つにするでしょう。私たちは「ココウォーター」がかなり売れるだろうと確信しています。ありがとうございました。)

！ヒント

これまで学習してきたことの総まとめとして，チームのメンバーと話し合って，1つのプレゼンテーションの原稿を書く。

練習問題・補充問題 解答

Lesson 1

練習問題① (p.9)

1. Airplanes have enabled us to travel
2. The purpose of learning a foreign language is to
3. making mistakes is the first step

補充問題 (p.14)

1

1. The heavy rain prevented[kept, stopped] us from going there.
2. One of his jobs is washing[to wash, doing, to do] the dishes.
3. Is following these rules important?
4. It is not easy for me to repair[fix, mend] this bike[bicycle] in a[one] day.
5. It is clear that she is wrong.

2

1. are a lot of old temples in Kyoto
2. rained a lot here
3. enables him to work
4. It is difficult for children to read

3

(例)*Tango no sekku* is the Japanese Boys' Festival. It is held on May 5th. Families that have a son put up carp streamers outside and display Samurai dolls. They hope that their sons will grow up healthy and strong.(39 語)

Lesson 2

練習問題① (p.20)

1. × 2. × 3. at 4. up
5. × 6. to

補充問題 (p.25)

1

1. They discussed the matter
2. She attended the meeting
3. Please look after my dog
4. I'll catch up with you

2

1. call me as soon as you reach [arrive at / get to]
2. left Canada for Japan
3. looking forward to visiting
4. was put off until[till] next Saturday
5. pay attention to what our teacher

3

(例)Two years ago, I took this photo at a park famous for its cherry blossoms. We enjoyed seeing beautiful cherry blossoms, eating lunch, and talking about different things there. We had a really wonderful time. This picture reminds me of my happy days that I spent with them. Also, my friends' smiling faces in this picture always encourage me.(59 語)

Build Up 1

補充問題 (p.29)

1

1. pair, glasses 2. The, the
3. water, the 4. baggage[luggage]
5. a glass, water

2

1. Oliver found several pieces of nice <u>furniture</u> on <u>the</u> internet.
2. Karina has a lot of <u>homework</u> to do

after dinner tonight.
3. Sam gave me some good advice on how to learn a foreign language [foreign languages].
4. Mary had two slices of bread for breakfast, watching the news on TV.
5. Look at the woman playing the piano there.

3
1. do you like better, chicken or pork
2. We were in the same class
3. Mary put too much salt[put salt too much] into[in]
4. Tom spends a lot of[much] money on books

Lesson 3

練習問題① (p.35)

1. was watching　2. has been
3. will win　4. had been

補充問題 (p.40)

1
1. grandmother belongs to a local volunteer
2. I was taking a bath when my sister
3. that I had left my cell phone in
4. The game is going to start at
5. I will be playing the guitar on

2
1. We always go to the beach
2. have passed since I first met
3. He has been using the computer for three
4. arrived at the station, the train had already left

3
(例)I want to be an animation cartoonist. Japanese animation is world-famous for its high quality, and many people all over the world admire it. I study drawing animation at an animation school on weekends and practice it every day at home too. Someday I want to be a world-famous animation cartoonist Japanese people will be proud of, and send messages through animation.(62語)

Lesson 4

練習問題① (p.46)

1. should have　2. might have
3. must not　4. could
5. had better

補充問題 (p.53)

1
1. You don't have to take off
2. had better not tell this secret to
3. An accident could happen at any
4. He can't be in America
5. She must have missed the train

2
1. We had to wait for the bus for more than[over]
2. You may[might] be right, but I have
3. I may[might] have written the[a] wrong
4. You should have left home

3
(例)(I have known) Maki since we entered the same junior high school, but it was not until when we were in the second grade that we started to talk to each other. Soon I found that we got along with each other. She is a hard

worker and always does her best. I am lucky to have a friend like her.(61 語)

Build Up 2

練習問題① (p.56)

1. were 2. was 3. is
4. is 5. is

練習問題② (p.56)

1. had called 2. is 3. stayed
4. sets 5. was

補充問題 (p.57)

1

1. shows[tells], has 2. was, homework
3. or, am 4. had been
5. said, takes

2

1. are ⇒ is 2. was ⇒ is
3. will ⇒ would 4. has ⇒ have

3

1. Some of the letters in this box are written in English.
2. He said (that) he was going to see[meet] Satoshi (on) that afternoon.
3. The boy knew (that) Jupiter is the largest planet in the solar system.

Lesson 5

練習問題① (p.63)

1. surprising 2. to be considered
3. use 4. on

練習問題② (p.63)

1. the flag waving in the wind
2. Your idea of going to Hokkaido this summer
3. the stories written by that girl
4. chance to win the championship

補充問題 (p.68)

1

1. Be careful of the broken glass
2. told me a surprising fact
3. The man lying on the grass is
4. saw some pictures painted by Picasso
5. a lot of work to be done

2

1. woman with[who[that] had] long hair asked
2. needed someone[a person] to help
3. like something cold to drink
4. chance to see[meet] him again

3

(例)I was in the tennis club during my junior high school days, so I decided to join the tennis club when I entered this high school. I like tennis very much, and I have found some good friends who like tennis as I do. I can talk with them about what we have experienced as tennis players.(57 語)

Lesson 6

練習問題① (p.74)

1. who[that] 2. where 3. why
4. what

練習問題② (p.74)

1. That is the woman whose daughter was on TV last night.
2. The man who[that] answered the phone said Alice was out.
3. The restaurant where[at which] she often eats is near here.
4. He gave no reason why he left school

early.

5. Last week, there was one day when we could see Mt. Fuji clearly from here.

補充問題 (p.79)

1

1. who[that] are playing
2. which[that] has　3. which[that] is
4. whose roof is　5. What is, is

2

1. what he had done
2. The hotel where we are staying
3. remember the day when we
4. the reason why he was absent

3

(例)Your last email said you've already decided places to visit. However, you missed Nara, which is a must, like Kyoto. For example, Todai-ji is a Buddhist temple listed as UNESCO World Heritage Site, together with seven other sites in Nara. You said you like visiting historic places, so I'll show you around Nara. I'm looking forward to seeing you.(59 語)

Build Up 3

補充問題 (p.83)

1

1. She is our music teacher.
2. a lot of fun[very interesting] to play *shogi*
3. turn off the light[turn the light off] in[for] the kitchen
4. I moved here last March.

2

1. (例)(It) was about a cute girl named Sarah Smith(.) / (It) was so interesting that I saw it twice(.)
2. (例)(It) is the highest mountain in Japan(.) / (It) is visited by many climbers every year(.)
3. (例)(I found it interesting to) learn how to use a computer(.) / (I found it interesting to) play video games(.)
4. (例)(It is difficult for me to) speak English fluently(.) / (It is difficult for me to) swim a long distance(.)
5. (例)(It is strange that) Aki is late for the meeting time(.) / (It is strange that) Taro didn't know the fact(.)

3

1. She took off her coat[took her coat off] and threw it on the sofa.
2. I will call on Miki after school and tell her about the change of schedule.
3. It is a miracle (that) he survived[came back safely] such a terrible accident.
4. Judy thought it strange that her credit card would[did] not work.
5. Jack found it exciting to read mystery novels. / Jack learned (that) it was exciting to read mystery novels.

Lesson 7

練習問題① (p.89)

1. Written　2. fluently
3. Walking　4. Although
5. to　6. Unfortunately
7. folded

練習問題② (p.89)

1. watching TV　2. Surrounded by fog
3. (in order) to help his mother

補充問題 (p.94)

1

1. always keeps her room perfectly
2. walking with his hands in his pockets
3. the bench, talking about our future plans
4. Seen from a distance, the island looks

2

1. (in order[so as]) to get up in time for the first bus
2. We were pleased[glad, happy]to hear (that)
3. Surprisingly[To my surprise], he appeared[showed up, turned up] on time
4. so heavy that I couldn't lift it
5. Although[Though] we have used this oven for ten years

3

(例)I share a room with my sister. There are two desks and two bookshelves. There aren't any beds because the room is a little small for them. We sleep on futons on the tatami mats. The room isn't cleaned regularly, so it sometimes gets messy. It isn't decided who cleans it, but we clean it when either of us feels uncomfortable about the state of the room.(67 語)

Lesson 8

練習問題① (p.100)

1. said　2. asked　3. told
4. asked　5. advised

練習問題② (p.100)

1. Lisa told me (that) it was fine there that day.
2. She asked him if[whether] he had been waiting for long.
3. My mother told[advised] me not to stay up late.
4. Bob asked me who had put salt in his coffee.

練習問題③ (pp.100-101)

1. asked me not to touch
2. advised me to tell[advised (me) that I (should) tell]
3. told me not to use

補充問題 (p.105)

1

1. told, he had seen me
2. told, not to take
3. asked, to close
4. is said

2

1. (a) I don't have any money (with me) / I have no money
   (b) (that) she didn't have any money (with her) / (that) she had no money
2. (a) Where do you live
   (b) asked me where I lived
3. advised her to go home[advised that she go home]
4. suggested that I take part in
5. According to a[one] survey, about 90 percent of high school students use smartphones / A[One] survey shows (that) about 90 percent of high school students use smartphones

3

(例)The best way to be relaxed and recharge my batteries is to do things that make me happy. Also, I think it important to give my attention to one activity and not to think about anything else. For example, sometimes I read detective novels and sometimes I watch action movies. It is important to take care of myself.(58 語)

Build Up 4

補充問題 (p.109)

1

1. regard to　2. In spite of
3. Thanks to　4. looking into
5. over　6. across

2

1. for　2. in, of　3. in
4. for　5. until[till]　6. on

3

1. Nami looks[will look, is going to look] after her sister until[till] seven[7] (o'clock).
2. Where do you want[Would you like] to go[visit] during your stay in Tokyo [while you are staying in Tokyo]?
3. Jack is going to[will] take his car to a[the] repair shop this weekend.
4. He worked from morning till[to] evening[night] for the sake of his family.

Lesson 9

練習問題① (p.115)

1. change
2. were, go[had been, had gone]
3. have made　4. had caught

練習問題② (p.115)

1. couldn't[could not] have solved
2. had not[hadn't] rained[been rainy]
3. wish I could speak
4. could have gone[come] with him

補充問題 (p.120)

1

1. If you need more information
2. I were in your place
3. If I had more money
4. I could have caught the train
5. If she were to refuse the offer

2

1. had not[hadn't] called me this morning, I would still be
2. wish I could speak English better
3. pale as if[though] she had seen a ghost
4. Without[If it had not been for, But for] your help[support], I could not[couldn't] have finished

3

(例)Riding a bike is a lot of fun. First, it is nice to feel the wind and sunshine. Also, if you are exposed to sunlight and some mild wind, you can get a good night's sleep. Second, bikes do not make any sounds or pollute the air. As they do not use fuel, cycling is environmentally friendly. Riding a bike is a great experience.(64 語)

Lesson 10

練習問題① (p.126)

1. deal　2. few　3. all workers
4. room

補充問題 (p.131)

1

1. on business for a few days
2. are a number of traffic accidents in
3. Large amounts of money were spent
4. need to reduce the amount of salt
5. The ratio of men to women[women to men] is

2

1. We have no information about the problem.
2. Almost all (the) students[Almost all of the students] watched the soccer game.
3. She did a great deal of work yesterday.
4. The number of Japanese people traveling abroad[who travel abroad] has been decreasing recently.

3

(例)(If I had one million yen,) I would travel around Japan. Looking back on my life, I have found how little I have seen my own country. TV tells us a lot of places in Japan worth visiting, but I only know about those places only through TV shows and from books. If I could visit them for myself, it would broaden my horizons. I would visit the far north and south of Japan and talk to people from different regions. I wish I could travel with my best friends and share the experience.(88 語)

Build Up 5

補充問題 (p.135)

1

1. Would you mind
2. Would, mind if　　3. Why don't

2

1. see[understand], point
2. or something
3. a bit[little]
4. may[might], true
5. sorry, trouble[bother]
6. would be

3

1. Could you spare me a few minutes [a few minutes for me]? — I'm sorry, but I'm very busy now.
2. I would[I'd] appreciate it if you could recommend some books on[about] this theme.
3. Your story is interesting, but it may be a bit too long.

Lesson 11

練習問題① (p.141)

1. is much healthier than pizza
2. is as beneficial as jogging
3. the less you own
4. one of the most popular forms

練習問題② (p.141)

1. the second largest economic power in the world
2. the most exciting game I've ever seen
3. the grain harvest would be the smallest in thirty years

補充問題 (p.147)

1

1. is about ten times as large as that
2. seen a more beautiful sight than this
3. The exam was much more difficult than
4. chose the least expensive dress in

2

1. is as important for your health as
2. As many as five thousand people took
3. It's getting darker and darker
4. more you read the book, the less you will understand
5. is one of the oldest buildings (that) I have[I've] ever

3

(例)Recently there have been lots of natural disasters in many parts of Japan. A newspaper said that a lot of young people were joining in volunteer work. For example, they were helping to clean the bathrooms of the evacuation centers or clear the debris. Some were talking to the elders or playing with the children. Living in the country far from those areas, I couldn't join in any actual work. Instead, with some of my friends, I stood by the school entrance to collect donations from the students and sent the money raised to a local government. I just thought I had to do something to help people afflicted by disasters. (111 語)

Lesson 12

練習問題① (p.153)

1. few 2. no 3. None
4. hardly

練習問題② (p.153)

1. I have no idea why
2. Not all horses can run fast
3. I haven't read both of his novels
4. He didn't pay any attention to what
5. None of the students raised their hands

練習問題③ (p.153)

1. Not all tall people are good basketball players. / Not every tall person is a good basketball player. / Tall people are not always[necessarily] good basketball players.
2. I'm not always free on Sundays.
3. There was little wine left in her glass. / Little wine was left in her glass.
4. Now (there are) very few people (who) remember the incident (that happened) fifty years ago.

補充問題 (p.158)

1

1. so firm that no one could stop her
2. None of the students were late for school
3. Your method is not always the best way
4. Very few people recognized her at
5. I can hardly understand what he says

2

1. I had no regret(s) about[for] what I had done. / I didn't regret at all what I had done.
2. Science cannot answer all our questions.
3. I haven't read both (of) the novels.
4. I had little time[There was little time for me] to prepare for the speech.

3

(例)Cell phones are so handy and convenient that almost nobody can live without them. We can call and answer the phone wherever and whenever we are. For example, you can make an emergency call from a remote place such as the mountain, or you can contact your friend when you are running late for an appointment. When we call someone, we call the person, not a place. That means we do not have to talk to the person's family members or co-workers. You can talk to your boyfriend or girlfriend without saying hello to their parents. Cell phones changed the way we communicate with each other.(106 語)

Build Up 6

補充問題 (p.163)

1

1. What　2. on　3. for
4. don't you think

2

1. what I am trying to say
2. Am I right in thinking that
3. Could you explain a little more
4. Can you tell me why you

3

1. Do you know[understand] what I mean?
2. Sorry, I didn't catch that. Could you say that again?
3. What do you mean by "quest"? / What does "quest" mean?
4. What do you call karaoke in English?